国語科書写の理論と実践

全国大学書写書道教育学会　編

萱原書房

目次

総　論　―文字を書くことと書写教育の全体像―

(1) 文字と手書き

もし現代の日本に文字がなかったら、どんな世界になっていただろうか。想像もつかないほど、私たちにとって文字は重要なものである。

文字の歴史は、漢字で考えると三千年以上になる。この間一九八〇年代に情報機器が普及し始めるまで、文字を書き表す方法は手書きのみであった。今、私たちは、手書き以外の方法を選択することができるようになったが、手で文字を書く能力も大切にされている。もちろん、情報機器がなかった時代に求められた能力と、現代において求められる能力とがまったく同じとは限らない。

(2) 文字の機能と手書き

文字の機能は、下図のように考えられる。このうち、「ことばを視覚的に表現する」ことが文字の主な機能である。そして、お礼の気持ちを表すなどの「ことば以外の表現を加味する」ことなどにおいて、手書きは重要とされる。さらに、毛筆による芸術的な表現や、サイン（署名・シグネチャ）などは、手書きであることが条件となる。

文字の機能

コミュニケーションとして

- ・ことばを視覚的に表現する
- ・ことば以外の表現を加味する（お礼の気持ち・その人らしさ）
- ・芸術的表現（書やカリグラフィー）
- ・装飾としての働き（Tシャツの文字など）

それ以外の視点で

- ・承認・責任等の表現（契約者等のサイン）
- ・書いて覚える（記憶の効果）
- ・書いて考える（思考の効果）
- ・書いて感じる・祈るなど（写経などを含む）

このように考えると、相手に伝わりやすい文字が書けることは、以前から変わらない重要な能力であり、その人らしさやその時々の書きぶり、芸術性につながる表現などは、現代において特に重要な要素といえる。

(3) 書写に求められる資質・能力

では学校教育における書写において、育成すべき資質・能力とはどのようなものであろうか。

平成29年告示の小学校学習指導要領及び中学校学習指導要領では、「文字を正しく整えて速く書くことができるようにするとともに、書写の能力を学習や生活に役立てる態度を育てる（略）」とされている。書写に関する他の部分もあわせて解釈すると、次のようなまとめ方ができる。

- ・読みやすい文字を(正しく整えて)適切な速さで書く能力
- ・目的や必要に応じて、効果的に書く能力
- ・文字文化の豊かさの理解
- ・書写の能力を学習や生活に役立てる態度

ここでの「読みやすい文字」は、いわゆる「清書」のような、書写の授業時間に限ったものではない。「書写の能力を学習や生活に役立てる」とあるとおり、他の学習活動でのノートやワークシートへの記入、校外での諸活動を含むメモやお礼状、掲示物などに役立つものとして考えたい。また、「ゆっくり丁寧にならば整った字で書ける」というだけでなく、必要に応じた速さで書けること、速く書いても読みやすさを維持できることも求められている。さらに、目的に応じて効果的に書く力も、思考力を伴う大切な能力である。

また、長い手書きの歴史の中で形成されてきた習慣を、文字文化として理解するとともに、未来の〈書くこと〉を主体的に考えようとする態度の育成も、文字文化の学習として重要となる。

(4) 書写の学習内容 ―何を学ぶか―

先に挙げた資質・能力は、何を学ぶことで身に付けられるだろうか。

かつての「書写」は、「手本を学ぶ」ものだったといってもよいだろう。しかし、学習者全員が「手本」そっくりに書けることは、「その人らしさやその時々の書きぶり」を大切にするという現代的視点と逆行する。また、学習指導要領は、「その人らしさ…」等を示していないが、それを否定しようとするものではない。

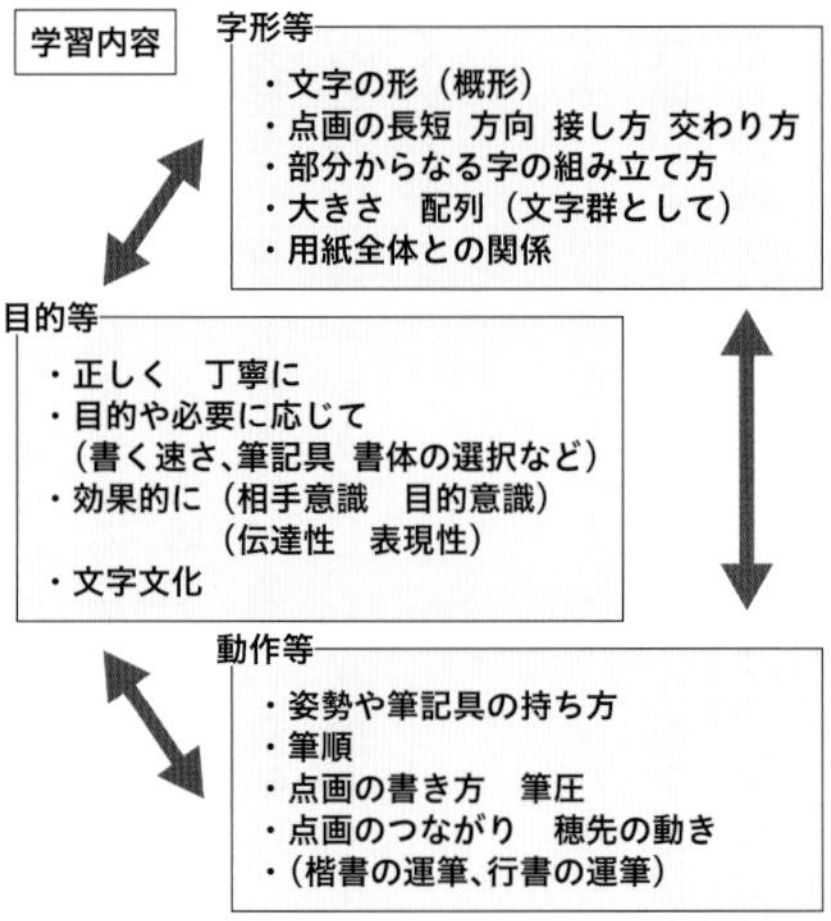
学習内容
字形等
・文字の形（概形）
・点画の長短 方向 接し方 交わり方
・部分からなる字の組み立て方
・大きさ 配列（文字群として）
・用紙全体との関係
目的等
・正しく 丁寧に
・目的や必要に応じて
（書く速さ、筆記具 書体の選択など）
・効果的に（相手意識 目的意識）
（伝達性 表現性）
・文字文化
動作等
・姿勢や筆記具の持ち方
・筆順
・点画の書き方 筆圧
・点画のつながり 穂先の動き
・（楷書の運筆、行書の運筆）

そのため、現在の書写の考え方では、いわゆる「手本」が学習内容なのではなく、〈文字を書く際の優れた行為に内在する規則性〉を学習内容としている。その内容は右図のように、整った字形など視覚的に確認できる「字形等」、筆記具の持ち方や点画の書き方のような「動作等」、何のために誰のためにどのように書くかという「目的等」から考えられる。

その内容は、それぞれ、

・読みやすさ　・書きやすさ　・覚えやすさ

などの合理性に裏付けされたものであり、また多くの文字に応用できるものが望まれる（「Ⅱ学習内容編」参照）。

(5) 書写の学習方法 ―どう学ぶか―

書写の学習について「手本を繰り返して練習し、先生に添削してもらい、清書をする」といったものをイメージする人もいるだろう。しかし、その場合、「習う」ことはあっても、「学び」の要素が希薄である。

書写の学習過程は、学習内容や学習者との関係により多様であるべきだが、例として下図のような考え方が一般的である。字形の整え方などの学習内容を理解し、「試し書き」などにより自身の字を認識し、理解したことを自分の字に生かすために練習を行い、その成果を他の字に生かすといった過程をたどる。これにより、「手本」に近づくことを目的とするのではなく、学習者自身の字を生かしつつ、向上を図ることができる。

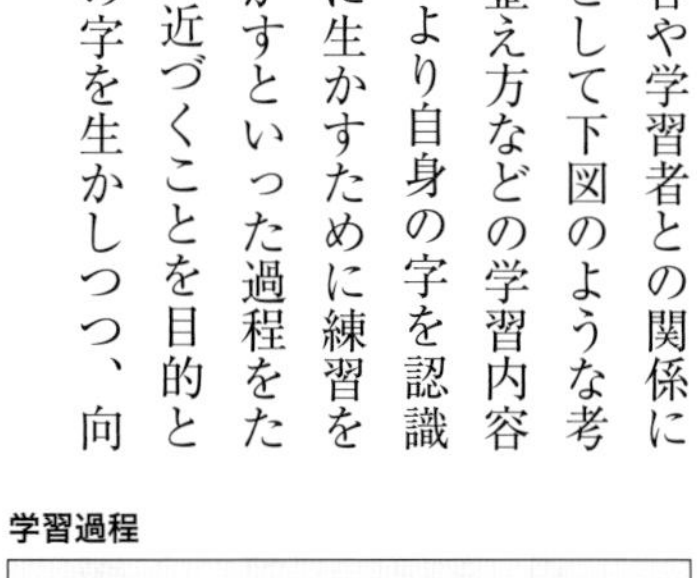
学習過程
学習内容の理解⇔自身の字の認識
⇩
自分の字に生かすための練習
⇩
（まとめ書き）
⇩
他の字に応用⇨日常に生かす

学習内容の理解の段階で、内容を教師が提示することもありえるが、学習者自身が見つけ出す工夫を取り入れれば、主体的な学びも可能である。また、学習者が自身の課題を知る場面で、教師が添削することもありえるが、適切に学習内容を理解できていれば、自己評価も可能となる。自身の字の認識が苦手な学習者であれば、相互評価、すなわち対話的な学びも可能である（「Ⅰ学習指導編」参照）。

(6) 書写における配慮と新たな知見

書写の学習指導における課題として、利き手の問題や書字が難しい学習者の問題がこれまで指摘されてきた。利き手に関しては柔軟に対応すること、書字が難しい学習者には特別支援教育の知見などを生かした適切な対応が望まれる。

また、教室の情報環境によっては、前述の「動作等」の学習内容を中心に、マルチメディア教材の活用なども積極的に行うとよいだろう。

将来、文字を取り巻く環境が変化しても、文字を書くという文化を大切にし、主体的に対応できる力を育てる書写でありたいものである。

I 学習指導編

1 授業づくりの要点

(1) 授業づくりの基本認識

❶「学び」を仕組む

「授業」とは「学習指導」の基本的な実践形態である。「学習指導」は「学習」と「指導」とが相互に関わり合って成立する。したがって、「授業」は、授業者の「指導」と「学習」する主体である学習者の「学び」という双方から捉えなくてはならない。

書写の授業では、技能的な指導法に意識が向きやすいが、「どう学ぶのか」という「学び」の視点から学習指導全体を捉えることが重要である。学習者が自らの経験を再構成する「学習」という場では、学習者自身の自発的、創造的な「学び」を発展させることが大切である。教師は、学習者が文字を書き確かめながら営む「学び」を支援し、主体的な「学び」を喚起する場を仕組んでいく必要がある。

❷「わかる」から「学び合い」へ

かつての書写の授業では、「手本」を絶対的なものとして、ひたすら反復練習させるスタイルの授業展開がよく見られた。このような学習指導では、知識・技能の向上を図る点が疎かになるばかりでなく、主体的な学びを喚起することも難しくなる。学習者の問題意識を引き出し、学習者自身が課題を解決する過程で「わかる」ことが、生活に生きる真の知識や技能となることを認識しておきたい。授業の中では、学習者同士が共感し合い、共に「わかる」という場を設定して、自律的、主体的な「学び合い」を喚起することも大切である。

❸「運用能力」の育成

授業では学習活動としての経験が重視される。ただし、経験したからといって、それがそのまま知識や技能に置き換えられたことにはならない。授業で意図的・計画的に経験した知識・技能の習得が、出口となる生活経験へと接続されてはじめて、確実な定着へと結びつく。したがって、授業の中では、常に生活経験を意図した「運用能力」の育成を図る活動を仕組んでいく必要がある。

❹「課題解決」と「生きる力」

書写の授業では、学習者自身が課題を見つけ解決していく「課題解決」の視点を取り入れることで、学習者自身の主体的な「学び」が喚起されやすくなる。「課題解決」の学習では、授業の各段階に合った課題を設定し、系統的・継続的に生活の中での課題意識へと広がりを持たせるよう支援する必要がある。学習の初期段階では、基礎・基本的な知識や技能が課題の対象となろう。学習が進むにつれ、規準の教材と見比べ、批正した結果、学習者個々の課題が設定されることにもなる。学習の最終段階では、それまでに習得した知識・技能を生活におけるさまざまな場面で役立たせるための課題設定により、一層高い次元の「学び」が誘発される。

学習者が自ら学び、自ら考え、主体的に判断しながら、適切に問題を解決する「生きる力」は、このような「課題解決」の活動を通して養われる。

point

◆授業の中に主体的な「学び」を喚起する場を仕組む。
◆学習者が共に「わかる」場を設定し、「学び合い」を喚起する。
◆授業での学習経験を生活経験につないで「運用能力」の育成を図る。
◆課題解決を通して生活に生きる書写力を身に付け、「生きる力」を育む。

(2) 授業のねらいと学習指導計画

書写授業のねらいは、端的にいえば授業を通して書写に関する知識・技能の習得・定着・向上を図ること、あるいは書写に求められる資質・能力（「総論」参照）を授業単位で分節的に育成することである。

授業のねらいは、「学習指導計画」に基づいて設定する。学習指導計画とは、学習指導を円滑かつ効果的に行うための道筋を示したものであり、対象とする期間によって、年間、学期間、月間、単元、一単位時間（いわゆる「学習指導案」とよばれるもの）と分かれるが、いずれも各学年の書写のねらいを実現していくための学習指導の計画案である。また学習指導計画は、学習指導要領に示された目標及び内容（指導事項）をもとに立てられるが、学校現場では、学習指導要領に準拠した検定教科書の年間計画に沿って立てられることが多い。

平成29年告示学習指導要領において、「知識及び技能」、「思考力・判断力・表現力等」、「学びに向かう力・人間性等」の三つの柱のもとで再整理された国語科で、書写は〔知識及び技能〕に位置付けられた。まずは学習指導要領及び解説の詳細な読解から始め、学習指導計画を作成する必要がある（文科省HP参照）。

(3) 学習指導計画作成の要点

学習指導計画の作成にあたり、次の事項を視野に入れる必要がある。

ア、小・中学校学習指導要領及び解説に示されている事項・内容

イ、児童・生徒の実態（書写への興味関心や能力・態度、言語環境等）、及び学校や地域の実態、行事などとの関連事項

学習者中心の学習指導を展開するためには、詳細かつ正確な児童・生徒の実態把握が必要になる。特に言語環境への視点については、単なる物的環境や条件に止まることなく、どのような学習要求が存在するのか、適性や関心・能力と関連付けながらの幅広い理解と把握が必要である。

ウ、学校の教育目標や教育課程、国語科と関連する事項

学校ごとに設定される国語科の指導目標と対照しながら、具体的な指導のねらいを作成していきたい。そのため、各学年における指導の内容を設定し、それを踏まえながら、各学年における国語科の領域別の授業時数との関連、書写の授業時数における硬筆と毛筆（小学校第3学年以上について）の授業時数等の詳細を設定していくことが望ましい。

(4) 年間学習指導計画

年間の学習指導計画の立案では、まずは教科書掲載教材を主たる教材として配置しながら、学習構造を構築していくのが望ましい。その際、主たる項目として、以下の項目が設定されていると学習構造が把握しやすい。なお、学習指導計画の種類等によって、利用する項目を選択しても差し支えない。

①指導学期及び指導月	②単元・教材	③指導時数
④指導目標	⑤主な指導内容	⑥指導上の留意点
⑦評価	⑧板書計画	⑨備考（教具・教材等）

point

◆授業のねらいは「学習指導計画」に基づいて設定する。
◆「学習指導計画」は、学習指導の道筋を示したもので、その種類は、対象とする期間によって分けられる。
◆作成にあたっては、学習指導要領及び解説の読解、実態の把握、教育目標の確認等が必要となる。
◆年間学習指導計画は教科書掲載教材を主たる教材として配置し、構造化する。

(5) 教材研究

書写における教材研究には、大きく次のような段階がある。

ア、使用する教科書教材を理解するための教材分析の段階

イ、学習者の学習状況に即して教科書教材の補助教材を作成する段階

ウ、より効果的な教材を自主開発する段階

❶ 教科書分析の段階

書写教科書では、左図のように「基礎教材」から「応用教材」へ進む構成をとるのが一般的である。また、この構成は、書写技能学習の基本となる教材構成単位でもある。

「基礎教材」は、書写技能への理解を図ることをねらった典型の教材であり、毛筆大字教材であることが多い。「応用教材」は、書写技能への理解の一般化と定着を図ることをねらった複数字教材であり、基礎教材と同一・類似の技能構造を持つ複数の硬筆教材であることが多い。

★各指導事項における基礎教材と応用教材の関係

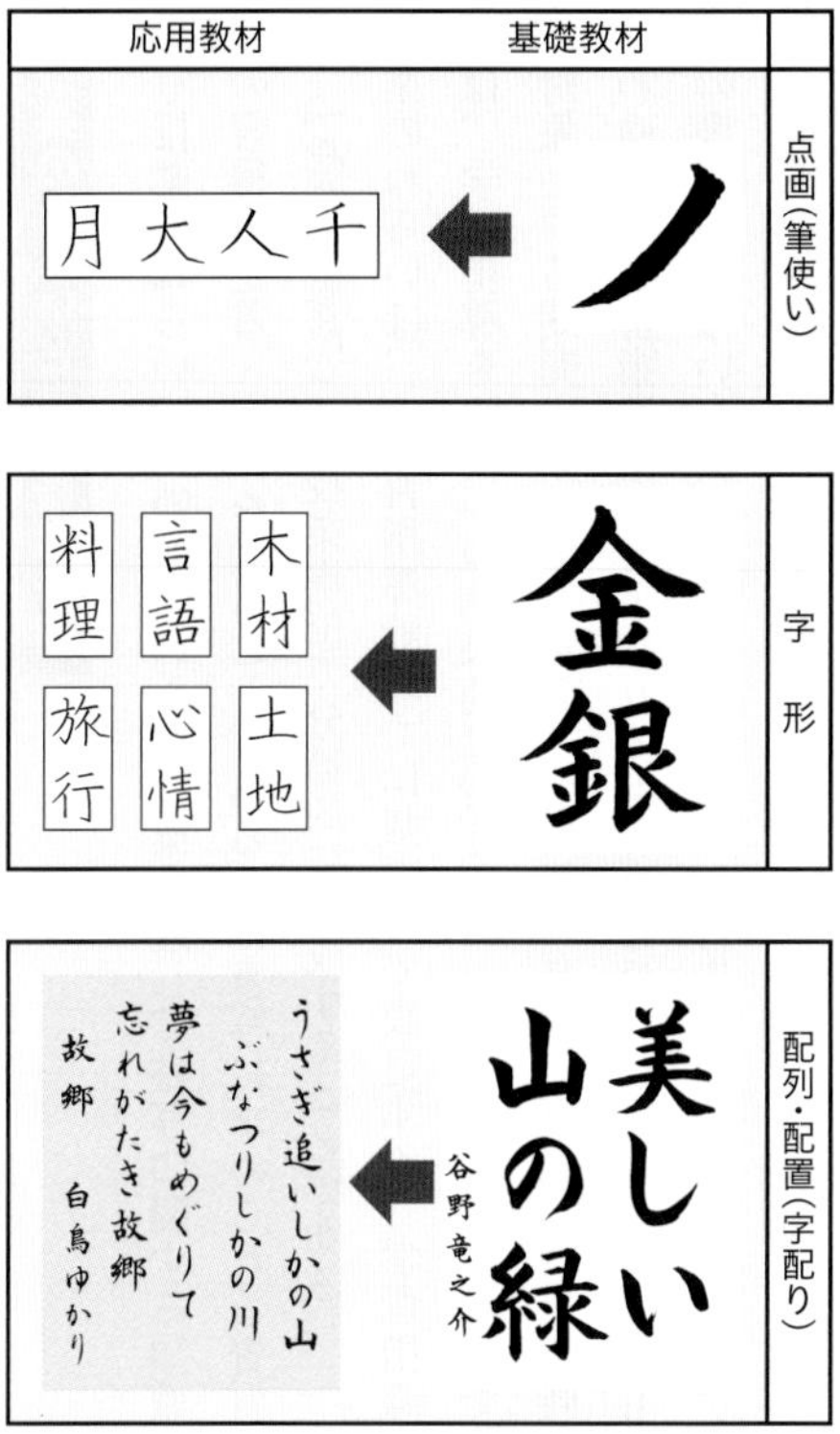
応用教材
基礎教材
点画（筆使い）
ノ
月大人千
字形
金銀
木材
土地
言語
心情
料理
旅行
配列・配置（字配り）
美しい山の緑
谷野竜之介
うさぎ追いしかの山
ぶなつりしかの川
夢は今もめぐりて
忘れがたき故郷
故郷
白鳥ゆかり

❷ 補助教材を作成する段階

この段階での教材研究は、学習者の学習状況から導き出される課題に沿って、教科書教材を補助する教材を作成するために行われる。

例えば、「左右から成る漢字」を整える学習では、左図のように、応用可能な教材文字の基礎資料を準備しておくとよい。

(例) 字形構成による分類

左右	上下	内外
（一年）休校村竹町…	（一年）音花学金空…	（一年）気四
（二年）引羽科歌海…	（二年）雲夏家会楽…	（二年）園遠何画回…

❸ 教材を自主開発する段階

教材の開発には、学習段階や、主体的な学びの喚起に配慮する。

○理解段階の教材開発→発見、比較、思考等を促す工夫
○練習段階の教材開発→各自の課題に沿った練習を実現する工夫
○応用段階の教材開発→日常に近い状態に教材化する工夫、自己評価に配慮した教材化の工夫

(6) 評価

書写では、以下の四つの観点で目標及び評価が設定されることが多い。

①関心・意欲・態度　②思考・判断　③技能・表現　④知識・理解

これらの観点からの到達習熟と併せて、自己評価能力に裏打ちされた自己学習能力を育成するために、目標に準拠した評価（いわゆる絶対評価）と自己評価を合わせた評価活動が必要となる。

なお、平成29年告示学習指導要領では、①「知識・技能」②「思考・判断・表現」③「主体的に学習に取り組む態度」の三観点が設定され、このうち①と③が書写の評価の観点とされている（文科省ＨＰ参照）。

2 学習指導案作成の要点

(1) 目標

学習指導を考えるとき、まずは指導目標（どのような力を育成するのか＝身に付けたい力）を明確に押さえる必要がある。

「身に付けたい力」をどうやって定めるかという手がかりは、学習指導要領の国語の目標及び内容にある。学習指導要領は国語科でつけるべき力を整理して系統的に示しているため、全体の枠組を知っていると、該当単元での「身に付けたい力」や取り上げるべき指導事項が明確になる。

平成29年の改訂では、国語科全体の目標を、資質・能力の三つの柱（「知識及び技能」「思考力・判断力・表現力等」「学びに向かう力・人間性等」）で示した。書写は「知識及び技能」の〈我が国の言語文化に関する事項〉に位置付けられたが、学習指導の具体化に当たっては、単元及び授業の中で三つの資質・能力の目標を一体的に扱うことに留意して、「考えの形成・深化」の実現を図る。

(2) 児童・生徒観

学習指導要領は、あくまでも手がかりであり、大枠の規準である。何よりも、目の前にいる子どもたちの実態をもとに具体化していく必要があるので、学習指導案には、「児童観」「生徒観」を示す。これまでの指導や書字に関係する環境（主に文字環境）を振り返り、彼らに「付いている力」と、まだ「付いていない力」とを把握する。このとき、現在と今後の時代や社会情勢の変化を見据えて、子どもを取り巻く環境に配慮し、子どもたちに育むべきはどのような資質・能力かを問うことも必要である。

(3) 教材観・指導観

学習指導要領を踏まえ、子どもの実態をもとに把握した「身に付けたい力」について、どのような教材を通して、どのように指導しようかという指導者の方針を示したのが「教材観・指導観」である。

一般の授業では教科書を使用するので、教材や指導する内容はそこに示されている。しかし、教師は、教科書が示す方向性に無批判に従うのではなく、児童観・生徒観や「身に付けたい力」を踏まえて、目の前の子どもにとって最適な学習指導を構想することが必要である。

(4) 指導過程・指導方法

授業は、一般的には「導入」「展開」「まとめ」の三つの過程を設定して行う。「導入」では、子どもが自分の日常の文字から課題を見つけ、文字の整え方の原理・原則を「発見」する。毛筆学習を行う場合は、発見した原理・原則を毛筆で確認し練習する。この展開によって「理解」を深め、学級で共有して「知識」として身に付ける。単元の後半には、「応用・発展」として、主に硬筆を用いて、他の文字や生活に生かす。授業の最後に行う「評価」は、学習者が自らの学びを確認するだけでなく、授業者自身の授業改善にとっても重要な情報となる。

授業で扱う学習内容は教師が定めるが、一方的に投げかける方法は好ましくない。前時の振り返りから子どものつぶやきを拾い上げ、取り組みたい課題を導きだすようにし、「見通しを持つ」、「実際の学習・活動」、「振り返り」のAARサイクル（下図）を意識して子どもたちを参加させながら、一緒に授業をつくる展開が望ましい。

AARサイクル

見通しを持つ(Anticipation)
実際の学習・活動(Action)
振り返り(Reflection)

書写学習は、「日常に生きる」ことを目指し、学習者が主体的に取り組めるよう、実生活や各教科等の学習につながる具体的な言語活動の充

実を意識して展開したい。しかし、言語活動を行うこと自体が目的化してしまわないよう、指導目標と言語活動との関係を押さえる必要がある。

(5) 評価方法

「まとめ書き（清書）」やいわゆる「作品」の出来ばえのような「結果」だけを評価しないよう留意したい。パフォーマンス評価やポートフォリオ評価を取り入れるなどして、「できるようにすること」までを目標とすることが重要である。また、「知識・技能」、「主体的に学習に取り組む態度」が文部科学省の示す書写の評価の観点であるが、「思考・判断・表現」の評価についても「書くこと」などの三領域との関係から配慮したい。

(6) 学習指導案作成の手順

「学習指導案」は、学習者が単元の学習を経て何ができるようになるのかを、また、そのための手立てを記したものである。書き方は多様であり、各学校や自治体ごとに書式がある。左は、一単元を一括りに捉えた場合の学習指導案の例であるが、単元の意義（選定理由）や単元におけるねらい、単元に対する考え方だけでなく、単元で主に扱う教材の価値、教材観を記す場合もある。

学習指導案の書き方

「単元観」と「児童（生徒）の実態」の順序は逆でもよいが、学習指導要領の内容を踏まえ、「身に付けたい力」を明確にしてから、目の前の児童（生徒）の実態に即して書く。

第○学年国語科書写学習指導案（例）

日　時　○○年○月○日（○）○校時
児　童　○年○組　　○名
授業者　○○○○

1　単元名
2　単元について
(1) 単元観
(2) 児童（生徒）の実態
(3) 指導観

「指導観」には、「単元観」や「児童（生徒）の実態」を踏まえて、指導の方針、指導上の留意点や工夫を書く。また「日常に生かす」ための方策についても記す。

（例）交流の場面、ＩＣＴの活用、具体的な言語活動

3　単元の目標
・○○を理解する。
・○○に気を付けて、毛筆で整えて書くことができる。
・○○に気を付けて、硬筆で読みやすく丁寧に書くことができる。

4　単元計画
5　本時の学習指導
(1) 目標
(2) 学習指導過程

「身に付けたい力」が明確になるように、また、授業がどのような段階を踏んだ展開になっているか（過程）が明確になるように目標を定める。

学習活動	児童（生徒）の表れ	教師の支援・評価
1 前時を振り返り教材文字の改善点を話し合う。	きまりがわかったよ。自分の課題を知り、整えて書こう。	前時の学習内容をＴＶで示し、振り返りを容易にする。
2 課題解決の方策を考える。	○○に気を付ける。	穂先の動きを書画カメラで映す。
3 振り返りをする。自己評価、相互評価		手作りワークシート応用・発展の例を探させる。

(3) 単元の評価規準

【知識・技能】～書いている。
【主体的に学習に取り組む態度】～書こうとしている。
（【思考・判断・表現】～考えている。）

＊これに加えて「板書計画」を作成すると、授業展開を児童目線で捉え直すことができる。思考の可視化を意識した「ワークシート」も活用したい。

3 授業づくりの実際

(1) 小学校低学年の書写指導の要点

❶ 低学年の児童と指導について

低学年の児童は、総じて文字の学習が好きである。新たな文字を覚えるたびに身の回りでわかることが増えていき、自分が成長しているうれしさや世界が広がることの楽しさを感覚的に感じるからであろう。

それだけに書けたことを「ほめてもらいたい」という欲求も強い。教師は、この点を理解して、児童を萎縮させるような指導ではなく、書写の学びが楽しいと感じるような指導を工夫しなければならない。このことは、低学年の書写指導に臨む教師の基本姿勢である。

入学時の児童の書字に関する実態は多様である。幼稚園では文字に対する興味や関心を持たせるところまでを扱い、小学校から系統的な文字指導を始めるというのが公教育の建前であるが、実態はそうなっていない。家庭や幼稚園等における就学前教育は一様ではなく、また、入学時は発達差がまだ目立つ学齢でもある。平仮名の読み書きがほぼできる児童もいれば、全くできない児童もいる。ある程度字形を整えて書ける児童もいれば、判別困難な文字や鏡文字を書く児童もいる。筆記具の持ち方、握持圧や筆圧のかけ方もバラバラである。教師は大きな能力差を前提とした指導の構えを作る必要がある。

低学年の児童への指導にあたっては、個々へのまなざしを大切にし、個別指導に重点を置いた指導のあり方を工夫することが求められる。なお、低学年担当の教師は、学習障害（書写では特にディスレクシア）についても理解しておく必要がある。早期発見による支援体制の構築が当該児童の以後の学習にとって重要だからである。現在、知見が積まれつつあるので、最新の研究動向などに目配りをしておくことが肝要である。

❷ 指導事項と指導のポイント

学習指導要領において、書写は〔知識及び技能〕の「(3)我が国の言語文化に関する事項」に位置付けられている。第1学年及び第2学年の書写に関する指導事項は、次のようになっている。

> （ア）姿勢や筆記具の持ち方を正しくして書くこと。
> （イ）点画の書き方や文字の形に注意しながら、筆順に従って丁寧に書くこと。
> （ウ）点画相互の接し方や交わり方、長短や方向などに注意して、文字を正しく書くこと。

低学年の書写指導では、筆順に従って、文字を正しく丁寧に書く習慣を身に付けさせることが重要である。指導のポイントは次のようになる。

point

- ◆日頃から、姿勢や筆記具の持ち方に児童の意識が向くように、機会を捉えて、繰り返し丁寧に指導すること。
- ◆具体的な読み手を設定するなど、相手意識を持ち、丁寧に読みやすく書く大切さに気付かせる工夫をすること。
- ◆点画の接し方や交わり方、長短や方向など、正しく整った文字を書くためのルールを理解して書くように、基準となる字形をしっかりと見て書く習慣を身に付けさせること。
- ◆点画の始筆から終筆（止め・はね・払い）までを確実に書き、筆順に従って、点画を積み重ねながら文字の形を形成していく過程を意識して書くように指導すること。
- ◆手に負荷をかけることなく、確実な運筆が日頃からできるように、水書用筆を使用するなどした運筆指導の工夫をすること。

12	⑧平仮名の表を見ながら、書き順、送筆、終筆などに気を付けて書くことができる。	・平仮名の表を見ながら、書き順や字形、送筆、終筆の書き方に気を付けて自分の名前を書く。 ・以前に書いた名前と比較し、成果を確認する。

5　本時の指導（4／12）

（1）目標

○送筆（折れ・折り返し）の書き方を理解することができる。

○送筆（折れ・折り返し）の書き方に気を付けて、正しく書くことができる。

（2）展開

過程	学習活動と内容	教師の指導・支援（○）と評価（◇）	資料
	1　字を書くときの姿勢と鉛筆の持ち方の「合い言葉」を唱える。	○声に出して唱えながら動作を行うことで、姿勢や鉛筆の持ち方が正しくなるようにする。	合い言葉の掲示物
	2　鉛筆のウォーミングアップをする。 ・直線や曲線などさまざまな線をなぞる。	○鉛筆をスムーズに動かせるように、ワークシートに書かれたさまざまな線をなぞる。	ワークシート①
試書	3　試し書きをする。 ・『くろ』をワークシートに書く。	○姿勢、鉛筆の持ち方がよいかどうか声をかけ、意識化する。	ワークシート②
目標把握	4　本時のめあてをつかむ。 (1)「折れ・折り返し」のできていない『くろ』の文字を見て、文字の書き方について考える。 ・「曲がるところがぐにゃっとなっていておかしい。」 ・「もっとかくっと折れるほうがいい。」 (2)「折れ・折り返し」の用語を知る。	○「折れ・折り返し」ができていない文字を提示することで、どこがおかしいか考えられるようにする。 ○基準となる字形と比べながら、本時のめあてにつなげる。 ○前時に学習した「曲がり」と比較し、違いを理解できるようにする。	『くろ』の良くない文字例 『くろ』の基準字形
基準確認	5　「折れ・折り返し」の書き方を確かめる。 (1)空書きして確かめる。 (2)歩いて確かめる。 ・大きなシートの『ろ』の上を歩いて、折れたり折り返したりする。 (3)指で書いて確かめる。 ・教科書の『ろ』を指でなぞる。 ・隣どうしで書くところを見合う。	○「シュー・ピタッ・シュー」のように音声化することで、一度止まってから向きを変えることを印象づける。空書きや歩いて確かめる際に声に出して唱えることで、基準の理解が深まるようにする。 ○大きな『ろ』の文字の上を歩くことで、一度止まって向きを変えることを体感して理解できるようにする。 ○一度止まるところで、一緒に「ピタッ」と言うように助言する。	拡大シート 教科書
練習	6　「折れ・折り返し」の書き方に気を付けて練習する。 (1)「折れ・折り返し」の部分練習。 (2)『くろ』『そら』『ゆめ』を練習する。 7　『くろ』『そら』『ゆめ』のまとめ書きをして、自己評価する。	◇「折れ・折り返し」の書き方を理解しているか。（知・技） ○一度止まってから向きを変えているか、机間をまわりながら声をかける。 ○姿勢と鉛筆の持ち方がよいかどうか声をかける。	ワークシート③
まとめ日常化	8　平仮名の表から、「折れ・折り返し」のある文字を見つける。 ・え、そ、ち、て、ね、ひ、み、ゆ、ら、る、れ、わ、を、ん　等	○「折れ・折り返し」の書き方に焦点を絞って振り返るよう助言する。 ◇「折れ・折り返し」の書き方に気を付けて、正しく書いているか。（知・技） ○「折れ・折り返し」のある文字を探すことで、日常化につなげる。	平仮名表

※知・技…知識・技能

第１学年　国語科書写学習指導案

日　　時　　令和○年○月○日（○）第○時限
展開学級　　第１学年○組　児童数○名
授 業 者　　○○　○○

1　単元名　　ひらがなのかきかた

2　単元について

本単元では、文字学習のはじめとして平仮名の書き方を学習する。平仮名一文字一文字の終筆(止め、はね、払い）や送筆（曲がり、折れ・折り返し、結び）の書き方、書き順、拗音・促音などの書き方を理解し、語句の中で正しく書けるようになることをねらいとしている。平仮名の学習の基礎として、終筆や送筆の書き方に習熟し、一文字一文字を正しく整えて書けるようにするとともに、語句や文の中でも正しく書き表すことができるようにする必要がある。

そこで、終筆や送筆などの点画の書き方を学習する際には、体を動かしながら運筆の感覚をつかませ、手や指による動作化を取り入れて理解を容易にする。また、書き順や文字の形の学習では、ゲーム的な要素を取り入れ、楽しみながら学習事項を理解できるようにする。これらの学習を通し、入門期の児童の興味・関心を高め、書くことへの意欲化を図っていく。単元の途中と終わりには、単語や文章を書く学習を行い、日常の文字を書く活動へとつなげたい。

また、児童はこれまでに、姿勢や鉛筆の持ち方を学んでいるが、まだ身に付いているとはいえない。姿勢や筆記具の持ち方は、今後の書写学習の基礎となるものであるから、授業のはじめや文字を書く前、その他必要なときに指導し、定着を図りたい。

3　単元の目標

○平仮名の始筆・送筆（曲がり、折れ・折り返し、結び）・終筆（止め、はね、払い）の書き方を理解して、文字を正しく書くことができる。
○文字の外形や書き順に気を付けて、丁寧に書くことができる。
○句読点やかぎなどの書き方を理解して書くことができる。

4　単元の指導計画（12時間扱い）

時	ねらい	主な学習活動
1 2	①終筆（止め、はね、払い）の書き方を理解して書くことができる。	・終筆（止め、はね、払い）の書き方を手、指を使って動作化して理解する。箒《ほうき》で、払いの感覚をつかむ。 ・止め、はね、払いに気を付けて鉛筆で書く。
3 4 (本時)	②送筆（曲がり、折れ・折り返し）の書き方を理解して書くことができる。	・送筆（曲がり、折れ・折り返し）の書き方を体や指を使って動作化して理解する。 ・曲がり、折れ・折り返しに気を付けて鉛筆で書く。
5 6	③送筆（結び）の書き方を理解して書くことができる。	・送筆（結び）の書き方を、指を使って動作化したり紐で作ったりして理解する。 ・結びに気を付けて鉛筆で書く。
7	④書き順を知り、正しく書くことができる。	・書き順を知り、鉛筆で書く。 ・二人組で「書き順じゃんけんゲーム」をする。
8 9	⑤拗音・促音、句読点、かぎ、濁音の大きさや書く位置を理解し、言葉や文章の中で正しく書くことができる。	・拗音・促音の大きさや書く位置が間違っているものを提示し、正しい書き方を確認する。 ・文字の位置に気を付けて絵日記を書く。
10	⑥形が似ている平仮名について、違うところに気を付けて書くことができる。	・ポインティングゲームをしながら、形が似ている平仮名について、違うところを話し合う。 ・違うところに気を付けて鉛筆で書く。
11	⑦文字の外形を理解して書くことができる。	・教材文字の周りを囲んで、できた形を身近な物にたとえながら仲間分けする。 ・外形別に切った紙に平仮名を書き、言葉をつなげて飾りを作る。

(2) 小学校中学年の書写指導の要点

❶ 中学年の児童と指導について

中学年の児童は、すでに平仮名、片仮名、漢字（二五〇字程度）を学習してきており、学校生活の中で文字を書くことにかなり慣れてきている。一方で、文字の学習に対する新鮮さが薄れてきたり、学習活動において多くの字数を書く機会も増えてきたりして、姿勢や筆記具の持ち方、文字を丁寧に整えて書こうとする態度などがおろそかになりやすい頃でもある。

このような状況で、第3学年から毛筆を使用する書写学習が始まる。毛筆を使用して大きく書くことで、これまで硬筆で書いてきた文字とその書き方を改めて意識し、学び直すことになる。書き慣れが生じてきたこの時期に、改めて文字を書くことを意識しながら、焦点化して学ぶことの意義は大きいといえる。

指導にあたっては、毛筆を使用する学びの新鮮さを大切にして、毛筆嫌いの子どもを作らないように、成果の上がる楽しい指導を心がけたい。

仮名や漢字は、毛筆で書き継がれて発達してきたものである。毛筆を使用した大字学習は、始筆から終筆までの点画の書き方や、その点画を書き足しながら形成する字形への理解を深めるのに有効である。また、大きく書くことは、文字全体を俯瞰《ふかん》して組立て方や整え方を確認しやすい効果もある。

低学年と比べ、文字を書くための基礎力である運動能力や認知能力が発達し、字形細部の把握や筆記具で書くときの細かい動作にも、徐々に対応できるようになる。学習の成果も上がりやすい学年といえるだろう。

なお、中学年は、児童の学力差が顕著になってくる時期でもある。漢字学習でつまずく児童も出てくる。漢字が嫌いな児童を増やさないように、書写指導でサポートすることも考えてよいだろう。

❷ 指導事項と指導のポイント

第3学年及び第4学年の書写に関する指導事項は次のようである。

> (ア) 文字の組立て方を理解し、形を整えて書くこと。
> (イ) 漢字や仮名の大きさ、配列に注意して書くこと。
> (ウ) 毛筆を使用して点画の書き方への理解を深め、筆圧などに注意して書くこと。

中学年の書写指導では、毛筆を使用することによって、文字の組立て方、整え方といった「一文字の書き方」に改めてフォーカスした学習を行う。また、文字の大きさや配列といった複数の文字（語句・文・文章）の整え方という点からも学習する。一文字一文字の書き方を大切にするとともに、学校生活における複数の文字を書き連ねる書字活動の実際への対応も学ぶのである。

指導のポイントは次のようになる。

point

◆毛筆を使用する学習が、硬筆による書写の能力の基礎を養うことにつながるように、毛筆と硬筆との関連的な指導を工夫すること。

◆始筆から終筆までの点画形成の流れを意識するように指導すること。また、終筆（止め・はね・払い）の書き方は、個々に扱うだけでなく、一文字を書き上げる過程の中で位置付け、その性質を理解できるように指導すること。

◆字形や配列の整いについて、視覚的に理解しやすいような教材や見せ方を工夫すること。

◆基準との対比によって、自分が書いた文字の字形や大きさ、配列の状態を分析的に見るようにさせ、評価と改善のサイクルを意識して練習できるようにすること。

第４学年　国語科書写学習指導案（略案）

日　　時　　令和○年○月○日（○）第○時限
展開学級　　第４学年○組　児童数○名
授 業 者　　○○　○○

1　単元名　「左右の部分から成る漢字」を知ろう

2　単元設定の理由および単元の目標

学習指導要領解説にもあるように、第３学年及び第４学年では、組立て方が複雑な漢字が多くなることから、文字の組立て方を理解し、形を整えて書くことが重要になる。本単元では、「言葉の由来や変化に関する事項」の「ウ　漢字が、へんやつくりなどから構成されていることについて理解すること」とも関連させながら、部首と他の部分（本単元では左と右）の関係において、一つの文字が組立てられる仕組みを理解させたい。

3　評価規準

・「林」の組立て方を理解し、字形を整えて書いている（知）。
・「林」で学んだ左右から成る文字の組立て方を、他の漢字にも応用して書いている（知）。
・進んで左右から成る漢字の組立て方を理解し、学習課題に沿って字形を整えて書こうとしている。（態）

4　学習指導計画（２時間扱い）

	教師の支援	学習活動（○）と予想される児童の反応（＊）
第一時	・準備の確認をする。 ・「木＋木＝？」と板書する。 ・「木木」と板書する。 ・「林」にするためにはどうしたらよいか、問いかける。 ・「林」の課題見本を提示し、他に気付くことはないか、問いかける。 ・譲り合っている箇所に○を付ける。 ・教室をまわり、適宜個別に支援する。 ・本時の学習内容を振り返る。 ・「林」のように左右の部分の組立てから成る漢字を、次回の書写までに探してみるよう指示する。	○道具の準備をする。 ○左右の部分から成る文字の組立てを考える。 ＊林？ ＊そのまま組み合わせても「林」にならない。 ＊左の木を「木へん」にする。 ＊右の木の幅を少し狭くする。 左右の「木」は、幅や形を変えている。 スペースを譲り合っている箇所がある。 ○組立て方に気を付けて、毛筆で「林」を書く。 ○自己評価 ○片付け 
第二時	・調べてきた漢字を挙げるよう促す。 ・挙げられた漢字を用いて、左右の部分から成る漢字の組立て方を再確認する。 ・児童が挙げた漢字の偏の名前を確認する。 ・「木へん」の漢字は「木」に関わるものが多いことなどに気付かせる。 ・「さんずい」の付く漢字を考え、プリントの枠内（９個のマス目）に記入するよう指示する。 ［波｜海｜　］ ［　｜　｜　］ ［　｜　｜　］ ・ビンゴをする。 ・水との関わりがわかりにくいものは、辞書で調べさせるなどして、漢字への理解を深めさせる。 ・学習内容のまとめと次回の予告をする。	○前時の復習 ○左右の部分から成る漢字を挙げる。 ○学習内容のまとめ① ○漢字の偏についての知識を深める。 ○教科書で調べたり、グループで相談したりしながら「さんずい」の漢字を記入する。 ＊海・活・汽・池・泳・漢・決・港・酒・消・湯・波・油・洋・流　など ○他者、他のグループが挙げた漢字を確認する。 ○学習内容のまとめ② ○部首と他の部分とによって漢字が構成されることを知るとともに、「さんずい」のつく文字の特徴を考える。

※（知）は（知識・技能）、（態）は（主体的に学習に取り組む態度）のこと。

(3) 小学校高学年の書写指導の要点

❶ 高学年の児童と指導について

高学年になると、抽象的に思考する能力や思考の幅が広がり、手指の巧緻性も高まってくる。思考・判断を伴う学習にシフトすることに適した学齢といえるであろう。

高学年の書写指導では、これまで系統的に習得してきた書写の知識や技能を、日常生活や学校生活の書字活動の場面でいかに生かすかということがテーマとなる。高学年では、日常生活や学校生活における書字活動場面が多様化する。児童会活動を運営する主役として会議の記録や広報用ポスター、学校新聞を書いたり、運動会や文化祭などの学校行事の運営役として看板やチラシを書いたりするなど、目的や必要に応じた効果をねらって、思考し判断する書字活動の場面が増える。

書写で学習した知識や技能は、自然に日常に生かされると考えるのでなく、「日常に開くための手立て」を指導として講じなければならない。

一方で、流行文字などに影響され、個人の恒常的な字形に変容が見られる時期でもある。流行文字は、文字の字形に対する児童なりの感性の表出であり、仲間意識を支えるコミュニケーション手段でもあるので、頭ごなしに否定するのは良策とはいえない。フォーマルな書字の学習の大切さとともに、目的や必要に応じて標準的な字形とを書き分ける必要性を理解させることが、書写学習へのモチベーションを維持するために肝要である。

また、高学年では、教科等の学習の高度化に伴って文字を書く量が増加する。手の大きさも大人に近付くため、適切な指導をしないまま放置していると、筆記具の持ち方や姿勢を、悪い状態で固定することになる。中学校に入学する前に、小学校低学年からの学習を振り返り、改めて基礎・基本の徹底を図ることが求められる。

❷ 指導事項と指導のポイント

第5学年及び第6学年の書写に関する指導事項は次のようである。

> (ア) 用紙全体との関係に注意して、文字の大きさや配列などを決めるとともに、書く速さを意識して書くこと。
> (イ) 毛筆を使用して、穂先の動きと点画のつながりを意識して書くこと。
> (ウ) 目的に応じて使用する筆記具を選び、その特徴を生かして書くこと。

高学年の書写指導では、児童の日常生活や学校生活において、目的や必要に応じた適切な書字活動を効果的に行えるようにすることが、主なねらいである。日常に開いていくうえでの知識や技能を学ぶだけでなく、これまでに学習してきたことを生かして、どのように日常に開いていかせるかが課題である。指導のポイントは次のようになる。

point

◆用紙全体を俯瞰《ふかん》して、目的や必要に応じた文字の大きさや配列を判断して書く練習を取り入れること。
◆丁寧に書く場面と急いで書く場面など、書字速度を目的や必要に応じた幅の中で捉えるように指導すること。
◆穂先の動きに注意しながら、点画から点画へ、文字から文字へとつなげながら書き進める過程を意識化できるような活動を工夫すること。
◆その理解を実践化するために、小筆や筆ペンを用いた指導を工夫すること。
◆それぞれの筆記具を使用してその特徴を理解させ、書字の目的によって使い分けることを意識する指導を工夫すること。

第６学年　国語科書写学習指導案（略案）

日　　時　令和○年○月○日（○）　第○時限
展開学級　第６学年○組　児童数○名
授 業 者　○○　○○

1　単元名　　ほ先の動きと点画のつながり「あけび」

2　単元について

○本単元では、「ほ先の動きと点画のつながり」について学習する。点画のつながりのポイントは、点画のつながり方の原則を知ることである。本単元では「あけび」を取り上げて学習を進める。「ほ先の動きと点画のつながり」の原則は、①文字と文字のつながりを意識して書く、②点画の間をつなぐ気持ちで書くことである。この原則は、点画の間をつなげ、文字と文字をつなげることで、書く速さにリズムが生まれること、語句として読みやすくなるという原理による。

○児童の書き文字の実態として、点画の終筆の「はね」が次の画の方向に向かっていない。また、平仮名一字一字が独立して書かれており、文字の終わりの点画が次の文字の方向に向かっていないという傾向がある。したがって、運筆に無駄があり、書く速さにリズムが見られないことがある。

○文字の最終画が次の文字に向かっている字例と、そうでない字例を比較することで、文字と文字のつながりを意識する原理原則を考えさせる。点画の終筆が次の点画の方向に向かっている字例と、そうでない字例を比較することで、点画の間をつなぐ原理原則についても考えさせる。

3　本時の展開

（１）本時の目標

○「ほ先の動きと点画のつながり」の原則を理解して書くことができる。
○「ほ先の動きと点画のつながり」に気を付け、字形を整えて書くことができる。
○意欲的に「ほ先の動きと点画のつながり」の原則を確かめながら書こうとする。

（２）本時の評価規準

○「ほ先の動きと点画のつながり」の原理原則を理解して書いている。（知識・技能）
○「ほ先の動きと点画のつながり」に気を付け、字形を整えて書いている。（知識・技能）
○意欲的に「ほ先の動きと点画のつながり」の原則を確かめ、学習課題に沿って「あけび」を書こうとしている。（主体的に学習に取り組む態度）

（３）学習の展開

学習活動	指導上の留意点	評価規準	評価方法
1.「あけび」を試書する	・教科書を見ないで書くことにより、児童が自分の課題を知る材料とする。		
2.「点画のつながり」と「文字のつながり」を確かめる	・「け」について、点画の終筆が次の点画の方向に向かっている字例と、そうでない字例を比較して、「点画のつながり」の原則に気付くようにする。 ・文字の最終画が次の文字に向かっている字例と、そうでない字例を比較して、「文字のつながり」の原則に気付くようにする。	・「ほ先の動きと点画のつながり」の原理原則を理解している。	学習態度
3.自己課題を確認する	・試書をもとに、「ほ先の動きと点画のつながり」方についての自己課題を知る。		
4.つながりに気を付けて「あけび」を書く 5.中間批正	・教科書を見て書かせる。 ・点画のつながりに気を付けて書くことができたか確かめる。 ・文字のつながりに気を付けて書くことができたか確かめる。	・毛筆で意欲的に「ほ先の動きと点画のつながり」を確かめている。	学習態度
6.点画と文字のつながりに気を付けて練習をする 7.まとめ書き 8.評価	・自己課題の解決方法についてグループで交流させる。 ・練習用紙を使って、つながりに気を付けて書くことができるように練習する。 ・自分や友達のよいところを見つける。	・「ほ先の動きと点画のつながり」に気を付け、字形を整えて書いている。	まとめ書き

(4) 中学校の書写指導の要点

❶ 中学校の生徒と指導について

中学校入学時の生徒の書写力の実態は多様である。小学校の配当時間は、第3学年以上の各学年で年間30単位時間程度（毛筆）であるが、実際の実施時数や指導実態は小学校ごとに異なる場合が多い。自らの書写力に自信を持っている生徒がいる一方で、強いコンプレックスを感じている生徒も少なくない。

このような実態から、入学時期の書写指導は、小学校の指導事項の復習から入ることが多いが、行書学習を中心とした三年間の学習の見通しを示し、新たな書写学習が始まることを認識させることも重要である。

行書とそれに調和する仮名は、中学校で新たに学習する内容である。生徒にとって大人の文字という感覚があり、新鮮なものであるが、第2学年終了時には、日常生活や学校生活において基礎的な行書が書けるように指導したい。

行書学習を、これまでの楷書学習を生徒に改めて捉え直させる契機とする視点も必要である。行書は通行書体のため、これまでの楷書中心の書写学習に苦手意識を持つ生徒にとっても近づきやすい。また、行書の筆使いを理解し、書けるようになると、楷書の筆使いへの理解も深まり、実技力も向上する傾向がある。教師は、生徒を惹きつける行書指導を工夫することが必要である。

第3学年では、小学校からの国語科書写学習の総まとめとともに、高等学校の国語科や芸術科書道への接続を意識した展開が求められる。わずか10単位時間の配当であるが、十分に計画を立てて、これまで身に付けてきた書写力を、日常生活や学校生活で存分に発揮できるようにしたい。また、文字や文字を書くことを文化として捉える視点を大切にし、文字文化の継承・発展の担い手としての自覚を持たせたい。

❷ 指導事項と指導のポイント

中学校における書写に関する事項は次のようである。

●第1学年（ア）字形を整え、文字の大きさ、配列などについて理解して、楷書で書くこと。
（イ）漢字の行書の基礎的な書き方を理解して、身近な文字を行書で書くこと。

●第2学年（ア）漢字の行書とそれに調和した仮名の書き方を理解して、読みやすく速く書くこと。
（イ）目的や必要に応じて、楷書又は行書を選んで書くこと。

●第3学年（ア）身の回りの多様な表現を通して文字文化の豊かさに触れ、効果的に文字を書くこと。

中学校の書写指導では、我が国の伝統的な文字文化や、これからの社会に役立つ文字文化に関する知識や技能を理解し、学習活動や日常生活において文字を効果的に書くことができる書写力を育成することがねらいである。指導のポイントは次のようになる。

point

◆楷書の学習は、小学校の指導事項の復習という点だけでなく、日常化の徹底を図るという点から指導を工夫すること。
◆行書の学習は、行書が読みやすく速く書くのに適した書体であることを、行書の特徴と関連付けながら理解させること。
◆文字を書く場面の目的を踏まえて、書体選択の判断をする練習を充実させること。
◆身の回りの文字の多様な表現に気付く機会、その効果について考える機会を積極的に設けること。

第１学年　国語科書写学習指導案（略案）

日　　時　令和○年○月○日（○）第○時限
展開学級　第１学年○組　生徒数○名
指 導 者　○○　○○

1　単元名　行書の書き方　―行書の特徴―

2　単元設定の理由

生徒は、書写の「授業開き」で中学校三年間の学習の見通しを持ち、これまで漢字の楷書や平仮名などを学習した。楷書の許容される書き方の学習では、行書の学習の前段階として、楷書を速く書くことにも取り組んできている。

本単元では、日常生活の速書場面に役立つよう学習指導要領に示されている「漢字の行書の基礎的な書き方を理解し、身近な文字を行書で書くこと」について学習する。指導にあたっては、行書の特徴について、毛筆の筆使いの学習に終始することなく、身に付けた知識を他の文字や語句に活用させる時間まで確保する必要がある。そして、定期試験にも毎回出題することで、生徒は試験の学習計画に書写を組み込むようになる。他教科の学習と同じように書写の学習を習慣化することで書写に対する意識が高まるとともに、日常生活に役立つ書写力の定着につながると考える。

3　単元の目標

（１）進んで行書の特徴を理解し、日常生活に役立てようとする。（主体的に学習に取り組む態度）
（２）行書の特徴と筆使いを理解して書くことができる。（知識・技能）

4　指導と評価の計画（５時間）

（１）［行書の特徴］　楷書と行書を比較し、行書の特徴や筆脈を理解して書くことができる。（本時）
（２）［行書の筆使い］　行書の点画の書き方を理解して書くことができる。
（３）［点画の方向や形の変化］　方向や形の変化のしかたを理解して書くことができる。
（４）［点画の連続］　連続のしかたを理解して書くことができる。
（５）［点画の省略］　省略のしかたを理解して書くことができる。（※「筆順の変化」は第２学年）

5　学習指導の展開（１／５時の内容）

（１）目標（略）
（２）展開

学習活動	学　習　内　容	指導・支援と評価
・漢字「春」を一筆で書き、話し合う。  ・本時の目標の確認	・「読みにくい」「直接続けないほうがよい部分がある」「ルールが必要」「△△くらいは許されそう」 なぜ「行書の特徴」を理解して書くのか？ ・行書とは…速く書けて読みやすい	・発言（印象や意見） ・「筆脈」の説明 ・行書への関心・意欲の喚起 ・国語ノートの巻末に書写学習のページを設ける。
1　楷書と行書の「清秋」を比較し、気付いたことをメモし、発表する。	［清］…「さんずいの二、三画目がつながっている」「青の三、四画目の横画を細い線で結んでいる」「青の横画の始筆が細い」等 ［秋］…「のぎへんの点が書かれていない」「点などにもともとない細い線が出ている」「火の右払いの形が変わっている」等	・基準の字形提示（行書の特徴の部分に印を付けていく）
2　行書の特徴を知り、覚える。	［行書の特徴］ 点画の方向や形の変化・点画の連続・点画の省略 ※点画の性質…曲線的で丸みがある	・行書の特徴（用語の暗記） ・行書の特徴別のフラッシュカード提示
3　「清秋」をノートに硬筆で書き、感想を発表する。	①楷書で書く。②一筆で書く。③行書の特徴を確認しながら書く。…「①よりも③のほうが速く書ける」「②より③のほうが読みやすい」「③で書くと無理がない」「相手に読みやすいように行書の特徴を使いたい」等	・①と③、②と③の比較等
4　本時の振り返り		・他の文字で確認
次時の学習	・小テスト「行書の特徴」［用語等］ ・行書の筆使い	・家庭学習（復習） ・小テスト

(5) 校種間の接続

文字を手書きする能力の育成は、その成否が以後の学習成果に直結することから、小学校低学年において重点的に指導する事項として位置付けられてしまうことが多い。しかし、学校教育全体から考えた場合、学齢相応の能力的到達点というものを、幼児教育からの連続性の中で捉える必要がある。ここに、校種間の接続の視点の重要性がある。

幼稚園における「言葉」の領域では、主に小・中・高等学校の国語科に関連していく知識・技能のもとが内容の中心となる。すなわち、全ての校種の言葉(文字を含む)の学びの基盤が、幼稚園の時期に培われる。

その基盤とは、「教師や友達との温かな人間関係」、「安心して言葉を交わせる雰囲気」、生活の中で「体験を積み重ねる」ことである。教師や友達との間に安心感や信頼関係があれば、幼児は日々の体験から生じる伝えたい思いを、身振りや言葉で伝えることが容易になる。また、思いを伝え、相手の共感や理解を得るという受容体験をすることで、思いを表現する喜びや楽しさを感じるようになる。そして、絵本、紙芝居、言葉遊び(文字遊びを含む)などを媒介とするコミュニケーションに発展しながら、言葉(文字を含む)に対する感覚を豊かにしていく。

義務教育では、幼児教育で培われた学びの基盤の上に、文字を手書きする学習が系統的に進められる。まず、文字を正しく整えて書く学習から始まり、正しい字体の条件と整った字形の要素を認識できる能力と、筆記具を制御して書く運動能力の育成が目指される。次の段階では、語句、文、文章を対象とした学習がおこなわれる。多字数を書き進めるための運筆能力と、多字数が整った状態を認識できる認知能力が育成される。さらに、「文字を書く状況を把握し、目的や相手に応じて書字速度を調整し、適切な筆記具を選択し、文字の大きさや配列を考えて書くことができる能力の育成」、「文字や文字を書くことを文化として捉える視点や、文字を書くことの現在・未来を考えられる主体的な文字の使い手としての資質育成」なども求められる。以上のように、義務教育の国語科書写では、社会に出てからも主体的な文字の使い手として、十分に活動できる資質・能力の育成が目指される。

しかし、文字を書く能力の育成はこれで終わりではない。高等学校には、豊かで文化的な生活を送るための教養として、文字の芸術的側面に焦点を当てた「書」の表現力や鑑賞力を育成する「芸術科書道」という科目がある。

さらに、大学では「書」を専門的に学ぶ場が、社会では民間の書道教室や通信学習、介護施設など、趣味として、必要に迫られて、リハビリとして学ぶ場が設定されている。後者は学習動機がさまざまであり、能力的な系統からは外れるが、学校教育での学習体験をきっかけとした学びの場であることに違いはない。

このように文字を手書きする能力の育成を連続的に捉えると、幼稚園から高等学校までを系統的に見通した平成29～30年告示学習指導要領の意義は大きい。

小・中学校の学習指導要領解説では、小学校の指導内容に中学校第1学年の指導内容が、中学校の指導内容に小学校高学年の指導内容がそれぞれ併記され、小学校学習指導要領解説の巻末には、中学校学習指導要領に加え、幼稚園教育要領が追加掲載された。

また、高等学校国語科に新たに設けられた「現代の国語」「言語文化」では、それぞれ中学校の書写と関連する内容を扱うこととなった。つまり、中学校国語科書写は、これまで高等学校芸術科書道への体系的な接続のみが発展の方向性であったが、今後は高等学校国語科と芸術科書道双方への体系性・発展性を踏まえた指導が必要となったのである。

このような校種間における効果的な接続のあり方を確立することは、喫緊の課題なのである。

(6) 教科横断的な学習指導

学校行事などを介して、国語科書写と他教科との横断的な学習は、これまでも広く実践され、さまざまな取り組みが行われてきた。今後は、次のような指導を模索したい。

○生活や社会との関わりをさらに重視しながら、道徳教育と書写の新たな関連や、言語能力の向上への書写が有益に機能すること。
○情報活用能力の重視を踏まえ、文字が持つ情報伝達における機能性について注目し、さまざまな情報ツールでの書写の活用方法。

また、これまでの取り組みを全国的に共有していくことが重要であり、個々の教師による積極的な実践と発信、研究会などの組織的な実践・研究に、活性化が期待されるところである。

Column

知的財産権・著作権

知的財産権（下表）の学習は、学校教育でも重視されている。

知的財産権
◆産業財産権…データやアイデア、発明に関わる権利
◆著作権…学術や文芸、美術・音楽などの表現物に関わる権利

国語科書写において関わるのは、文学作品や詩歌を素材として引用する場合などの著作権である。学校内の授業や教育活動において使用する場合は特例として認められるが、学外への持ち出しや印刷物への掲載などは特例の範囲外となる。

また、児童・生徒の学習の成果（いわゆる清書）を作品として捉え、そこに著作権が発生すると考える立場もある。外部で活用する際には、許諾が必要になるので注意したい。

なお、著作権の保護期間は、原著者の死後50年をもって消滅するとされてきたが、著作権法が改正され、70年に延長された。

Column

教室の文字環境

一般社会に比べ、板書やノート、掲示物など、手書き文字と接する機会が多いのが教室である。しかし、教科書やプリント、パソコン等のＩＣＴ機器では、多くの活字や印刷文字による学習活動も展開される。

教室の文字環境は、児童生徒の文字意識の育成に、大きな影響を及ぼす。それゆえ、書写の時間にとどまらず、教室での学習活動全体を見通して、文字を大切にする意識を育む環境を作ることが大切である。

そのためには、教師自らが文字と豊かに接する態度を示すことである。特に、板書は、教師が児童生徒に直接働きかけることができる書字活動である。板書技能の習熟はもちろんのこと、板書の効果や働きについても十分理解する必要がある。

情報機器がめざましく発達し、生活や社会に広く浸透している現在、文字を手書きする機会が減少傾向にあることが危惧される一方、かえって手書き文字の価値や意義が見直されているのも事実である。平成28年に示された『常用漢字表の字体・字形に関する指針』には、「現代の印刷文字を中心とした文字生活の中で、手で書かれた文字に付加的な価値があることが、改めて認識されるようになったからとも考えられる。……手書きの文字には、情報を伝える記号としての役割を果たすだけではなく、書いた人の個性や言外にある思いまでを、時代を超えて長く伝えていく可能性が期待できる。」とある。

一方、今日の生活や社会における文字環境は手書き文字だけでなく、活字・印刷文字が大半を占めている。これを踏まえ、国語科書写においては、手書き文字のみを学習対象とするのではなく、「目的や用途に応じて、手書き文字と活字・印刷文字を効果的に使い分ける能力を身に付ける」という視点も必要である。

Ⅱ 学習内容編

1 言語文化と文字文化

平成29年告示の小学校及び中学校学習指導要領では、育成を目指す資質・能力を明確にする観点から、目標及び内容の構成は、次のとおりである。国語科の内容の構成についての改善が図られた。国語科の内容の構成は、次のとおりである。

〔知識及び技能〕
①言葉の特徴や使い方に関する事項
②情報の扱い方に関する事項
③我が国の言語文化に関する事項

〔思考力、判断力、表現力等〕
A　話すこと・聞くこと
B　書くこと
C　読むこと

この中で、書写は「我が国の言語文化に関する事項」に位置付けられている。学習指導要領解説では、我が国の言語文化について、「我が国の歴史の中で創造され、継承されてきた文化的に高い価値をもつ言語そのもの、つまり、文化としての言語、また、それらを実際の生活で使用することによって形成されてきた文化的な言語生活、さらには、古代から現代までの各時代にわたって、表現し、受容されてきた多様な言語芸術や芸能」と示す。「文字文化」は、この「言語文化」の中に包括され、国語科書写及び芸術科書道の全体構造を貫いている。

2 文字文化について　―学習指導要領より―

「文字文化」は、新たに中学校学習指導要領国語科書写の第3学年の指導事項において、「身の回りの多様な表現を通して文字文化の豊かさに触れ、効果的に文字を書くこと」と示された。また、同解説では、「文字文化」について以下のように説明している。

> 文字文化とは、上代から近現代まで継承され、現代において実社会・実生活の中で使われている文字の文化であり、我が国の伝統や文化の中で育まれてきたものである。文字文化には、文字の成り立ちや歴史的背景といった文字そのものの文化と、社会や文化における文字の役割や意義、表現と効果、用具・用材と書き方との関係といった文字を書くことについての文化の両面がある。

(1) 「文字そのものの文化」とは

漢字は中国で生成し、各時代において、字画の整理・簡略化、筆使いの合理化が行われ、篆書《てんしょ》、隷書、草書、行書、楷書の各書体が成立した(23ページ参照)。我が国は、その漢字を受容しつつ、日本語を表記していく過程で、独自の平仮名や片仮名を生成し、やがて、漢字仮名交じり文を成立させた。書写では、このような書体の変遷と歴史的背景、文字の成り立ち等に触れ、表現の豊かさを実感できるような指導が求められる。また、今日では、手書き文字の他に、活字やデザイン文字など多様な書体の文字が広がる。これらの表現に触れることで、文字の芸術性に関心を向ける素地を養うことも求められる。

(2) 「文字を書くことについての文化」とは

「書く行為そのものを文化として捉える」という新たな視点である。我が国の文字は、概ね毛筆によって書かれ、各時代の思想や文化と関連し、「伝達性」のみならず「表現性」を伴いながら発展してきた。背景には、我が国特有の文化的基盤や感性が存在する。

書写では、これらの文字に内包する機能性や美を見いだし、文字の役割や手で書くことの価値を考え、その現代的意義を再認識できる指導が求められる。また、筆記具の進化やその表現効果を実感的に理解するなど、生活や社会の中で主体的な文字の使い手となれるような指導が大切である。

3 日本語表記に用いる文字の歴史

日本語表記に使用する文字の種類は多く、私たちは、漢字・平仮名・片仮名・アラビア数字・ローマ字の五種類の文字を、目的に応じて使い分けている。これは、世界でも類を見ない多さである。

ここでは、漢字・平仮名・片仮名の文字の歴史を概観する。

(1) 漢字

漢字の書体は、篆書（甲骨文・金文・小篆《しょうてん》）・隷書・草書・行書・楷書の五つの書体に大別される。書きやすさ・読みやすさ・美しさが追究され、次のように変遷を遂げた。

❶ 篆書

ア 甲骨文…現存最古の漢字の形で、亀の甲羅や獣の骨に筆で下書きし、刀で刻されている。六書《りくしょ》（＊1）全ての文字例があり、発達した段階の文字である。三千字ほど確認されている。殷《いん》王朝後半の王家を中心とする人々の間で、占いの記録のために使用され、当時の文化・社会生活を窺《うかが》い知ることができる。

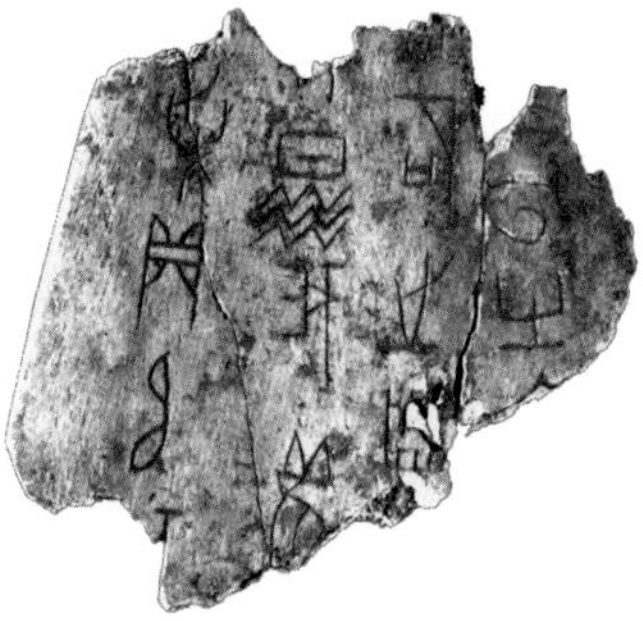
甲骨文

イ 金文…殷代晩期から、金属に鋳込まれたり刻されたりした文字。

殷代晩期は、祭祀《さいし》用の青銅器に人名や短文を鋳込んでいた。続く中央集権国家の周王朝では、王に忠誠を尽くした功績に対する褒章として青銅器が与えられ、功績の内容を子孫に長く伝えるための記録文が鋳込まれた。

金文

ウ 小篆…戦国時代に各国で多様化した文字を、秦の始皇帝が統一した文字。宰相の李斯《りし》に命じ、戦国時代の秦で使用していた文字を改変して使用した。左右対称の字形を曲線で書くため、書写に時間がかかる。

❷ 隷書…秦代・前漢～後漢時代中期の通行書体、後漢後期の公式書体。小篆を直線化、簡略化した。横画は波打つような運筆リズムを持ち、速書きに適している。

❸ 草書…前漢後期に通行書体として使われるようになった書体。隷書をさらに簡略化し、連続性を強めた。速書きに適している。

❹ 行書…後漢中期に通行書体として使われるようになった書体。草書より連続性は低い。読みやすく速く書ける。

❺ 楷書…三国時代に誕生し、唐代に完成した文字。「真書」「正書」ともよばれる。隷書を簡略化し、一点一画を切り離して書くため、読みやすい。「楷」はもともと樹木の名前で、「規範」の意味がある。

これら五体のうち、篆書・隷書・楷書は公用書体として用いられ、いずれも視認性の高い書体である。一方、草書・行書は通行書体で、速書きの書体といえる。

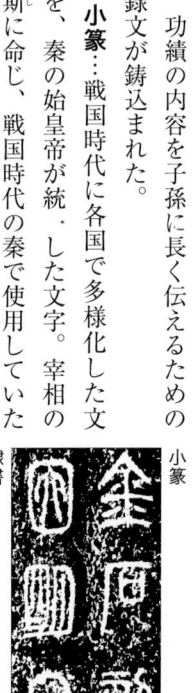

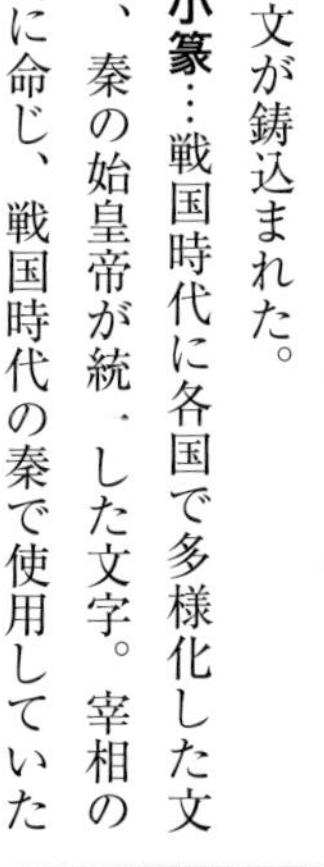
小篆

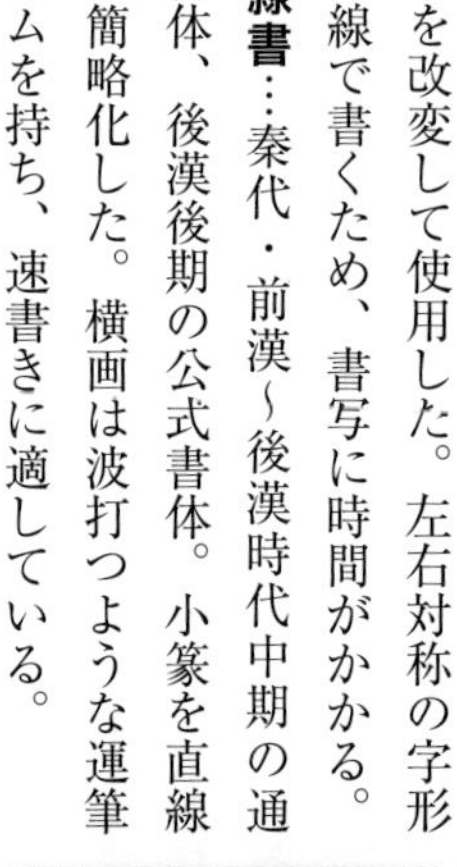
隷書

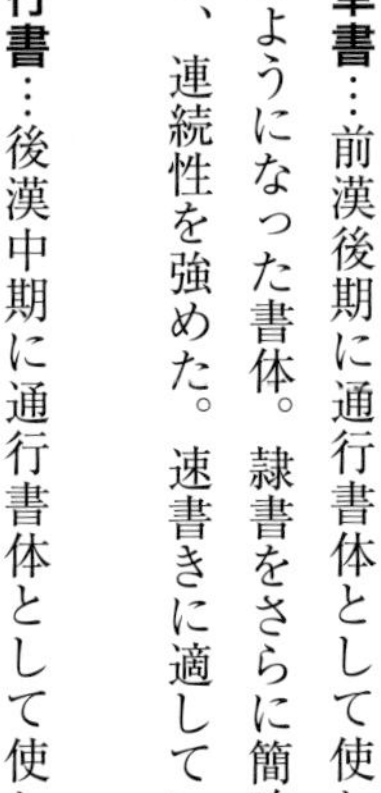
木簡に書かれた草書

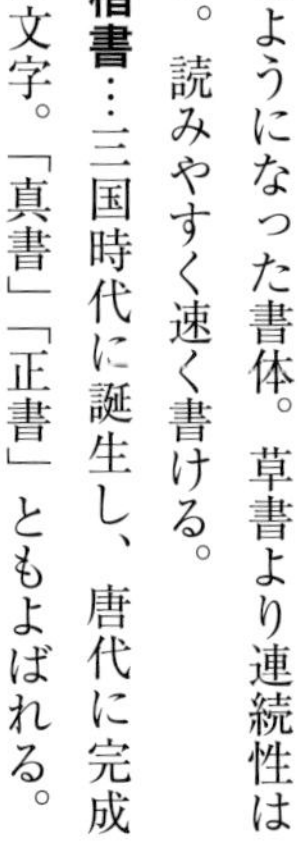
草書

脚注（＊1）六書：象形・指事・会意・形声・転注・仮借。

日本には、五体全てが完成してから漢字が伝わった。そして、時代や目的に応じて、使われる漢字書体が変化している。

例えば、江戸時代の公文書は、徳川幕府が御家流《おいえりゅう》とよばれる行書や草書とそれに調和する平仮名を用いた。御家流は寺子屋でも教えられ、行書・草書は一般にも広く普及した。明治時代は、政府は判読しやすい楷書を使用した。片仮名も公文書にさかんに使用された。

現在の公式書体は楷書であるが、速く書けて読みやすい行書は中学校で学習する。また、篆書《てんしょ》は印鑑に、隷書や草書は看板等に使われる。

私たちは、漢字という一種の文字に対し、五つの書体に接し続けているのである。

(2) 平仮名

平仮名は、主に漢字の草書をさらに簡略化してできた。「平」とは、「平易」の意味で、「平仮名」とは近世以降の呼び名である。

日本に平仮名と片仮名という二種類の仮名(＊1)があるのは、それぞれが異なる世界で発展し、使用する場面が異なったからである。

日本にはもともと文字がなく、中国語を表記するための漢字を受容することから文字の使用が始まった。奈良時代には、日本語の語順のまま漢字の音を利用したり、日本人が考案した訓読みを当てたりして、日本語を表記できるようになった。この表記方法は、万葉集に多く見られるため、万葉仮名とよばれる。奈良時代の万葉仮名の総数は、九七三字にのぼった。万葉仮名の形は漢字であり、さまざまな書体で書かれた。楷書や行書、草書（草仮名）である。

十世紀の半ばには、草仮名《そうがな》をさらに簡略化した女手《おんなで》(＊2)（平仮名）ができた。平仮名は、和歌や物語などの文学執筆の世界で発展を遂げ、文字を美的に表現することが目指された。そして、文字選択の幅を広げておくため、多くの字母・字体が使われ続けた。

（平安時代の「あ」の平仮名）

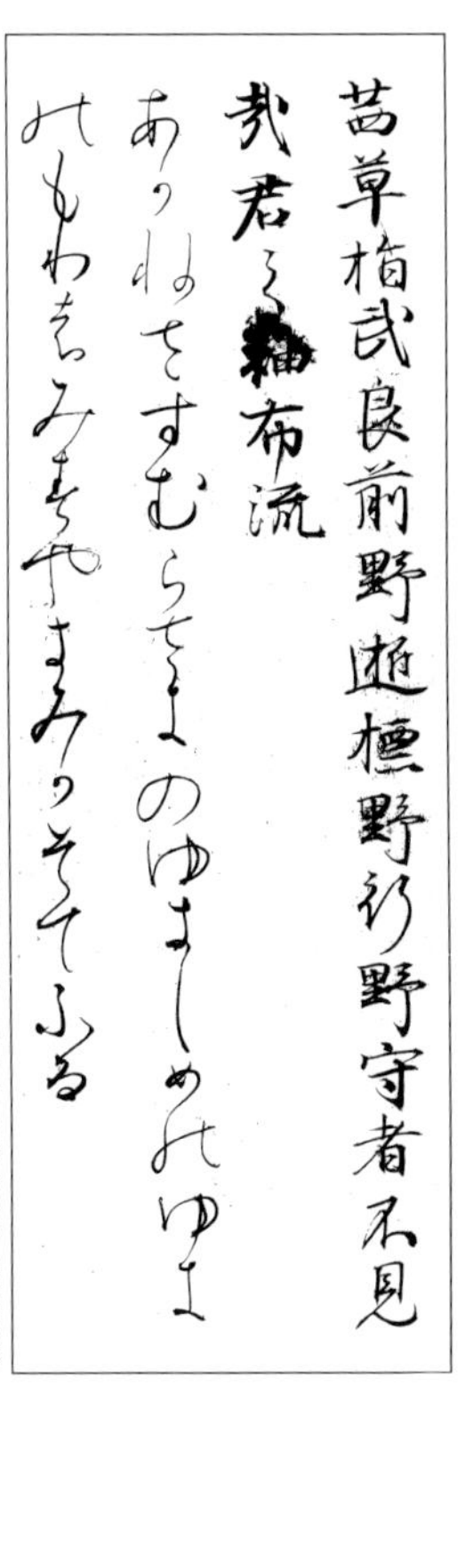
（右：万葉仮名表記　左：平仮名表記の万葉集歌）

平仮名が、片仮名とともに現在の一音一字になったのは、明治33年の小学校令施行規則からである。

(3) 片仮名

片仮名は、主に漢字の楷書の一部からできた。「片」は不完全という意味である。

漢籍や仏典の訓読を、テキストの行間や字間に素早く書き入れる必要があって誕生した。成立過程では符号として意識されていた片仮名だが、学者や僧侶によって学術的な分野で活用され、実用化されていった。はじめは、平仮名同様に字母・字体の複用があったが、実用的な場面で使用する片仮名は、平安時代後期という早い時期に現在と近い形になった。平安時代後期に和漢混淆《こんこう》文が誕生すると、漢字仮名交じり文表記が一般的になった。

日本語は縦書きにも横書きにもできる。このように両方が可能な文字言語は、世界的にも比較的珍しい。

脚注
（＊1）仮名：漢字を「真名」というのに対し、仮の文字という意味。
（＊2）女手に対し、漢字の楷書や行書で書かれたものを男手（おのこで）とよんだ。

4 書写における字体と字形
—文字の正しさと、よりよい字形—

(1) 字体と字形から生じる問題

漢字指導や書写の評価において、どこまでが○でどこからが×なのか、また、なぜこの字が×にされるのかなどの問題が聞かれる。これらは主に、漢字の字体と字形に関わる問題である。

これに関する資料として、文化庁『常用漢字表の字体・字形に関する指針』（文化審議会国語分科会報告　文化庁編／三省堂）を手元に置いておきたい。この指針を参照すると、字体と字形を次のように説明できる。

point

◆字体…文字を文字として成り立たせる骨組み

文字の細部に違いがあっても、字体の枠組みから外れていなければ、その文字として認められる。

◆字形…字体が具現化され、実際に表された一つ一つの字の形

字形は、手書きされた文字の数だけ、印刷文字の種類だけ、存在する。

學（旧字体）　学　字　字

字体の違い（學・学）／字形の違い（字・字）／字種の違い（字体も異なる）（学・字）

文字が正しいか間違っているかは、「字体の問題」である。骨組みである「字体」が正しければ、終筆が止めかはねかといった部分に関わらず、正しい字であるとされる。

(2) 漢字指導と書写指導　—正しさと読みやすさ等の理解—

では、字体が正しければどんな字でもよいのかというと、決してそうではない。学校教育では整った読みやすい字形で、目的に応じて速く書けることなどを目標としている。

下図に示すように、正しい字体で書けるようにする漢字学習と、整った読みやすい字形で書けるようにする書写学習と考えるとわかりやすい。

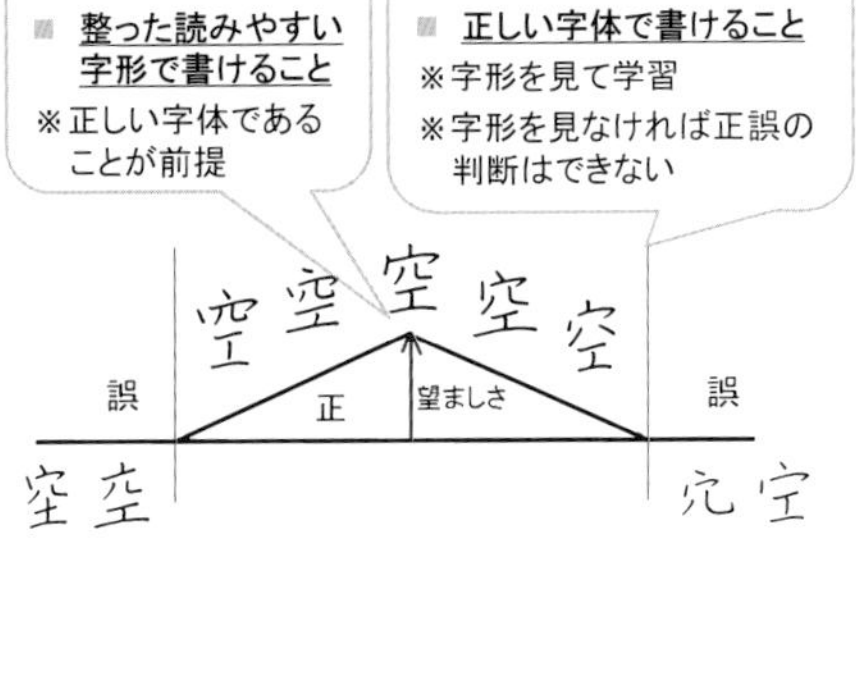
書写学習
整った読みやすい字形で書けること
※正しい字体であることが前提
漢字学習
正しい字体で書けること
※字形を見て学習
※字形を見なければ正誤の判断はできない
誤
正
望ましさ
誤

(3) 手書きの字形の多様さ

手書きでは、下の例に示すようにいろいろな書きぶりがあり、いずれも正しいことを理解しておきたい。複数の書き方が見られるが、子どもたちの発達段階に応じて、適した字形を用いたい。

(4) 標準とする字形は？

学習の際に参照する「字体」は、学年別漢字配当表の字体であり、それは常用漢字表の字体である。一般に手書きとして適する「字形」が、学年別漢字配当表に用いられている。

手書きの例
木　令　糸　園　保　天
木　令　糸　園　保　天

(5) 手書きの字形と印刷用の字形

手書きの字形と印刷用の字形でも、下の例に示すように字形に差がある。いずれも正しい字体であるが、手書きの字形のほうが書きやすいという特徴がある。

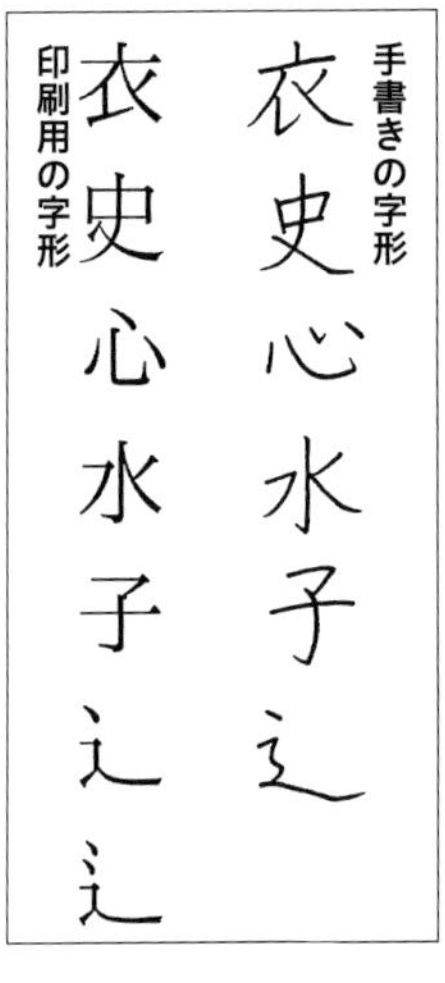
手書きの字形
衣　史　心　水　子　辶
印刷用の字形
衣　史　心　水　子　辶　辶

今日では、手漉《す》きの紙は貴重になり、多くは機械漉きの紙が使われている。しかし、紙の寿命は、機械漉きよりも手漉きのほうが一般に長い。

学校では半紙がよく使われる。使用するときは、紙の表裏を間違えないようにする。よりなめらかな方が表である。練習した半紙は、写真のように紙ばさみに挟み、机の横にかけておくと便利である。

下敷きは、材質がラシャかフェルトで、半紙より一回り大きめのものを用意する。二つ折りにすると折り目ができるので、巻いて保管する。

文鎮はさびにくい材質で、ある程度重みがあるものが使いやすい。

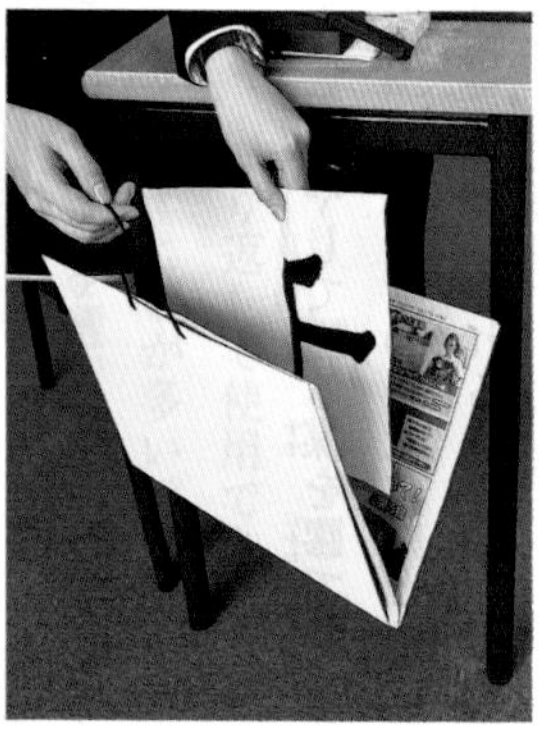
練習した半紙のしまい方の例

用具用材の配置
筆先が机の外にはみ出さないように、かつ転がらないように置く。

(3) 姿勢

いすに腰掛けて机の上で書くときは、下の写真のような点に注意する。姿勢が悪いと、筆記具の先端を不適切な角度から見て書くことになるため、字形を整えにくくなる。また、疲労など、体への負担も大きくなる。

他に、正座して書く、立って書く、膝をついて床の上で書く方法（82ページ参照）があるが、基本的な考え方はいすに腰掛けたときの姿勢と同じである。無理のない姿勢が習慣化されるように指導したい。

正しい姿勢

背筋を伸ばして目と紙面の間を三十cmぐらい離す。
体と机、体と背もたれの間を、こぶし一つ分ほど空ける。
毛筆で書く場合、文字の中心が体の中心にくるようにする。（硬筆で書く場合、文字は利き手側の目の前にくるようにする。）
両足は肩幅程度に自然に開き、両足の裏をぴったり床につける。

(4) 筆記具の持ち方（執筆法）

❶ 鉛筆

鉛筆が正しく持てないと、書きにくいばかりか疲れやすくなり、長時間の書写が困難になる。次のような点に注意して持つ。

○よい例

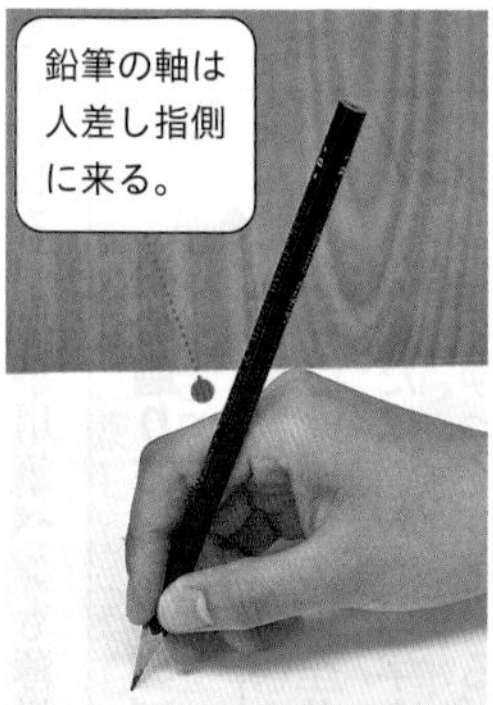
鉛筆の軸は人差し指側に来る。

×悪い例

鉛筆の軸が親指側に落ちている。

人差し指の付け根に二重にした輪ゴムをはめ、そこに鉛筆の軸を差し込み、持ち方の感覚をつかむ練習や、箸の持ち方と関連づける方法もある。

・親指・人差し指・中指の三点で均等につまむ。
・指に無駄な力をかけすぎずに、三つの指が前後へ自由に伸縮するようにする。

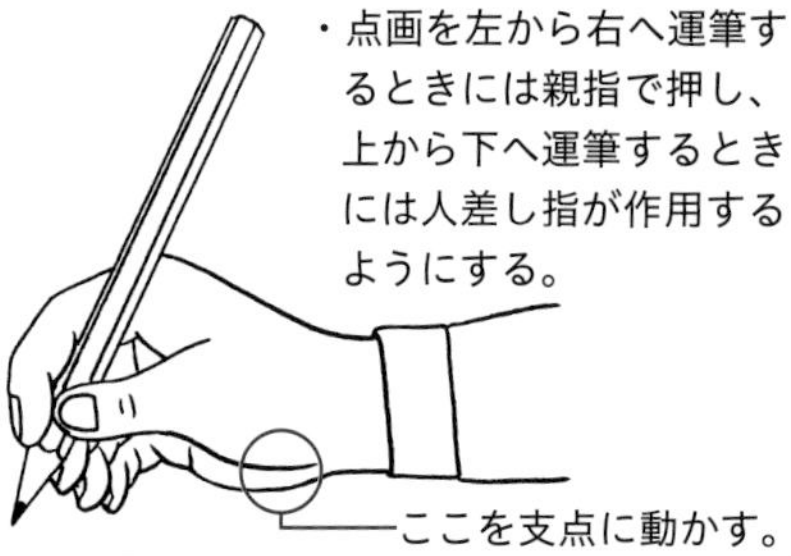
ここを支点に動かす。

・点画を左から右へ運筆するときには親指で押し、上から下へ運筆するときには人差し指が作用するようにする。

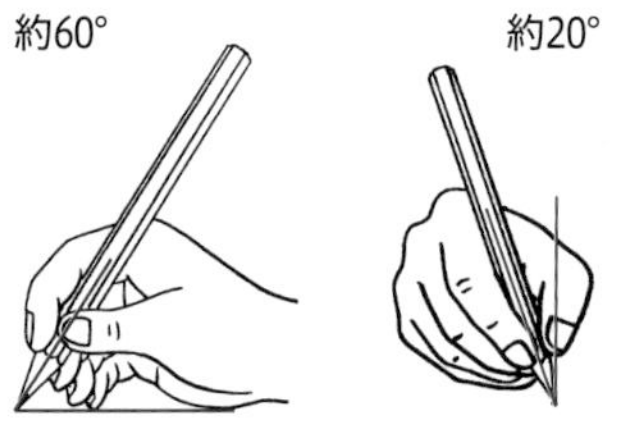
約60°
約20°

・鉛筆の角度に注意する。筆記具の種類によっては角度を調整する。

❷ 毛筆

筆は、筆管の中央部を緩やかに持つ。掌に卵を一つ入れているような気持ちで、握りしめないようにする。

○よい例

手首から先が上がっている。
親指が上を向いている。

×悪い例

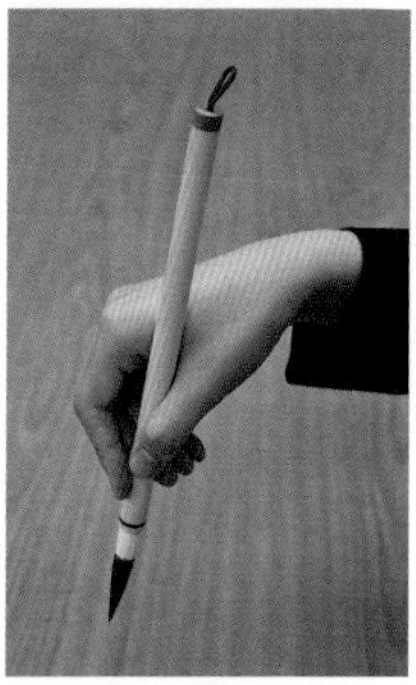

手首から先が下がっている。
親指が下を向いている。

〈指のかけ方〉

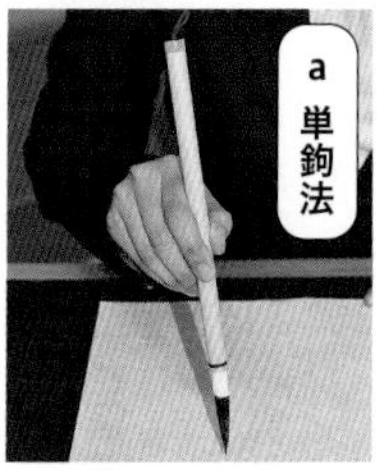
a 単鉤法

a 単鉤法《たんこうほう》

人差し指を一本、軸の前にかける持ち方。小・中学校書写では「一本がけ」ともいう。

親指の腹と中指の左側面、人差し指の第二関節側面で筆全体を固定する。人差し指を前後させ、微妙な動きをコントロールできるようにする。

毛筆だけでなく、多くの硬筆の筆記具で単鉤法（＊1）を用いる。そのため、硬筆と毛筆の関連が図りやすい。小筆も単鉤法が多い。

b 双鉤法《そうこうほう》

人差し指と中指の二本を軸の前に出し、薬指の爪のあたりで支える持ち方。小・中学校書写では「二本がけ」ともいう。軸の太い大筆を安定して持つことができる。

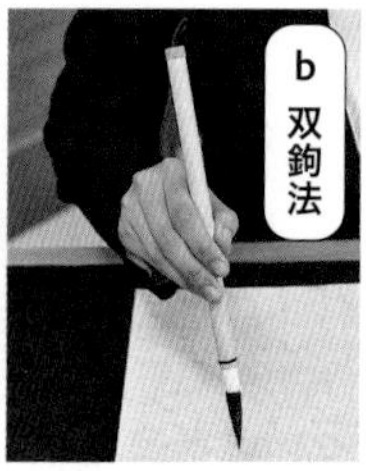
b 双鉤法

〈腕の構え方〉

a 懸腕法《けんわんほう》

肘を上げ、腕を水平に保って書く方法。毛筆で半紙に一〜六字ぐらいの大きさの文字を書くときに適している。

a 懸腕法

b 提腕法《ていわんほう》

手首を机の上に軽くのせて書く方法。鉛筆などもこの方法で構える。手首を強く机に押しつけず、なめらかな動きができるとよい。

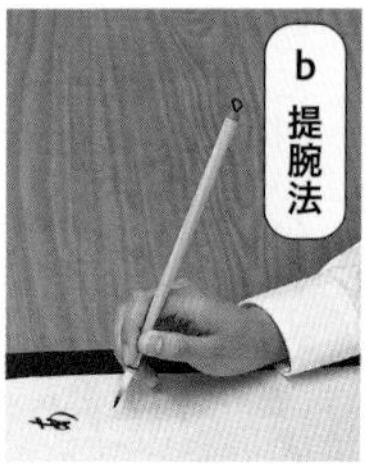
b 提腕法

c 枕腕法《ちんわんほう》

左手を正面において、手の甲の上に右手首をのせて書く方法。半紙に名前を書くときなど、小筆で小さな文字を書くときに用いる。

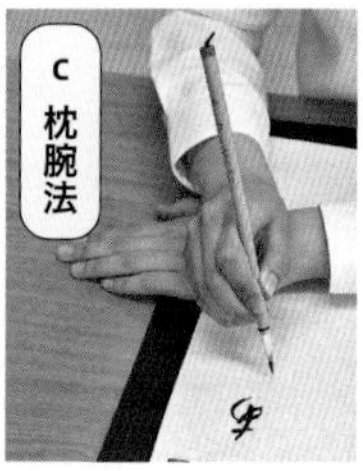
c 枕腕法

❸ チョーク

チョークは特殊な持ち方をする。親指、人差し指、中指でつまむように持ち、黒板に対して少し横に倒して書く。

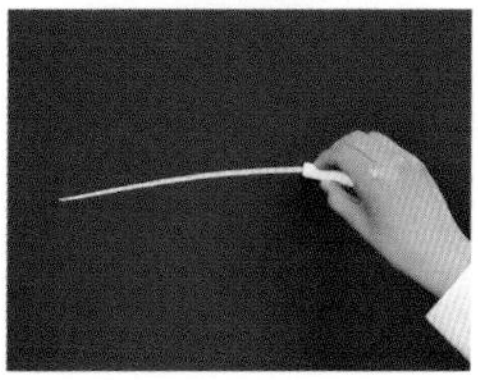

チョークの持ち方

脚注

（＊1）鉤は「かける」という意味。

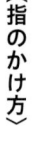

Column

毛筆学習の意義と水書用筆を使用した運筆指導

1　毛筆学習の意義

硬筆と毛筆（※1）の関連については、書写が〔言語事項〕（※2）に位置付けられた昭和52年告示学習指導要領以降、「毛筆を使用する書写の学習（指導）は第3学年以上の各学年で行うこと」「毛筆を使用した学習（指導）は硬筆による書写の能力の基礎を養うよう指導すること」と一貫して明記されている。

毛筆による書写の学習が第3学年から始まるのは、扱いが複雑な毛筆の機能に対して、児童の手指の巧緻性を考慮したものであり、昭和43年版以降、平成29年版に至っても変更はない。

文字は毛筆で書かれる中で発達してきたものである。したがって、止め、はね、払いなどの筆使いは毛筆で学習すると理解しやすい。また、大きく書くことによって、字形の整え方の理解も深まる。

硬筆による書写の学習は第1学年に始まり、第3学年以上の各学年では毛筆と並行して行われ、生活や社会との関わりから、硬筆による書写の能力の向上が書写学習の目指すべきものとされている。毛筆学習は「毛筆による書写技能の習得・習熟」を図りながら、その学習の成果は「硬筆」の能力にも還元されなければならない。

つまり、毛筆学習には、文字を書くうえでの字形の整え方や運筆法の理解・習得とともに、硬筆学習を補うねらいがある。

2　水書用筆等を使用した運筆指導

平成29年告示小学校学習指導要領では、第1学年及び第2学年の書写について「適切に運筆する能力の向上につながるよう、指導を工夫すること」と示され、解説には「水書用筆等を使用した運筆指導」と明記された。

硬筆のみの学習である小学校低学年の書写について、早い段階から運筆能力を高めるための、硬筆との関連的な指導といえる。

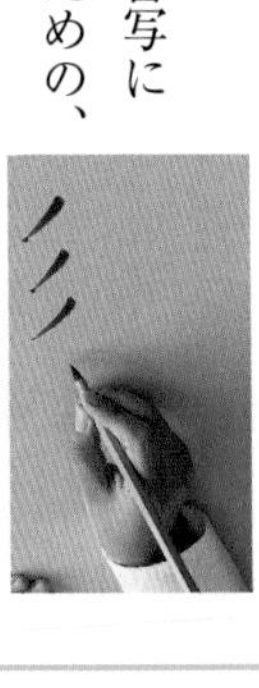

水書用紙に水書用筆で書くと、筆跡が現れる。

(1) 水書用筆等　―どのようなものをどのように使うのか―

「水書用筆等」とは、必ずしも特定の筆記具を指しているわけではない。第1学年及び第2学年児童の手指の大きさや運動能力に鑑み、また硬筆と同様に使用することを前提としていることから、軸の長さは鉛筆と同等、軸の太さは鉛筆と同等かやや太め、筆毛は小筆よりも短く、弾力性のある穂を持つ筆記具が適切であると考えられる。穂は根元まで全ておろして使用でき、低学年の児童にとって扱いが簡便であるものがよい。

持ち方は、鉛筆と同様である必要がある。「水書用筆等」の「等」については、さまざまな解釈が可能であるが、扱いの難しい小筆を安易に用いないようにしたい。

従来も、指を使って運筆や筆圧を確かめる学習活動が行われてきたが、「水書用筆」はそれを発展させた学習具・学習法と考えられる。小学校低学年段階での鉛筆の正しい持ち方や、硬筆の運筆法を阻害せずに、硬筆の運筆能力の向上に直接的に還元されるよう配慮したい。

(2) 学習指導の目的　―何のために使うのか―

弾力性のある筆記具を使い、運筆における筆圧の変化や手指の上下運動を体感することにより、硬筆で適切に運筆する習慣の定着を図ることが目的である。筆圧を一定に保って点画を書くことや、（文字を書く場面でも）字形を整えて書くことが目的ではない。

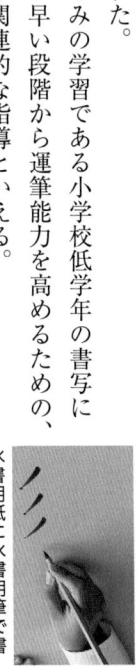

第3学年からの毛筆学習へのスムーズな移行も成果としては想定されるが、毛筆技能の習得・向上の早期開始が目的ではない点に注意する。

(3) 学習指導の場面　―どの学習指導過程で使うのか―

第1学年及び第2学年での標準的な硬筆学習での「試書→課題設定→練習→まとめ書き」という学習過程のうち、「練習」活動での使用が適正と考えられる。例えば、硬筆と水書用筆等を交互に行うなどの方法である。また、第1学年の冒頭から「水書用筆等」を使用するのではなく、硬筆学習での鉛筆の正しい持ち方等が、ある程度定着してから使用するほうが効果的である。

(4) 評価　―評価の対象は何か―

水書用筆等を使用した学習では墨は使用せず、水及び水書用紙を使用することが想定されている。書いた文字が残らないため、文字や筆跡は評価の対象ではなく、そこでの体験的活動と硬筆書写に表れる学習成果が評価の対象となる。水書用筆等を使用した学習目的とその成果の扱いについて、指導者は学習者と十分に認識を共有する必要がある。

脚注

（＊1）硬筆書写・毛筆書写の呼称は、学習指導要領の改訂に伴って変遷している。昭和22年版では硬筆「書きかた」、昭和26年版では硬筆「書き方」・毛筆「習字」、昭和33年版以降は硬筆・毛筆を併せて「書写」とした。現在の教育現場でも硬筆を「書写」、毛筆を「習字」とよぶ地域があるのは、こうした呼称の経緯への認識不足に起因すると考えられる。

（＊2）書写は、昭和43年版以前は「書くこと」、昭和52年・平成元年・平成10年版では〔言語事項〕、平成20年版では〔伝統的な言語文化と国語の特質に関する事項〕の中に位置付けられてきたが、平成29年版では〔知識及び技能〕の中の「我が国の言語文化に関する事項」に新たに位置付けられた。

小学校学習指導要領　（平成29年3月告示）

第2章　第1節　国語

第2　第1学年及び第2学年　2　内容〔知識及び技能〕（3）

ウ　書写に関する次の事項を理解し使うこと。

（イ）点画の書き方や文字の形に注意しながら、筆順に従って丁寧に書くこと。

第3　指導計画の作成と内容の取扱い　2（1）

カ　書写の指導については、第2の内容に定めるほか、次のとおり取り扱うこと。

（エ）第1学年及び第2学年の（3）のウの（イ）の指導については、適切に運筆する能力の向上につながるよう、指導を工夫すること。

小学校学習指導要領解説　国語（平成29年3月告示）

第4章　指導計画の作成と内容の取扱い

2　内容の取扱いについての配慮事項

○〔知識及び技能〕に示す事項の取扱い　カ

（エ）は、第1学年及び第2学年の〔知識及び技能〕の（3）ウ（イ）における「点画の書き方や文字の形に注意しながら」書くことの指導について、適切に運筆する能力の向上につながるよう、指導を工夫することを示している。**水書用筆等**を使用した運筆指導を取り入れるなど、早い段階から硬筆書写の能力を高めるための関連的な指導を工夫することが望ましい。**水書用筆**は、扱いが簡便で弾力性に富み、時間の経過とともに筆跡が消えるという特性をもっている。その特性を生かして、「点画」の始筆から、送筆、終筆（とめ、はね、はらい）までの一連の動作を繰り返し練習することは、学習活動や日常生活において、硬筆で適切に運筆する習慣の定着につながる。また、**水書用筆等**を使用する指導は、第3学年から始まる毛筆を使用する書写の指導への移行を円滑にすることにもつながる。

＊水書用筆との関連部分に傍線を付し、水書用筆をゴシック体にした。

6 平仮名・片仮名

(1) 平仮名指導の基本的な考え方

平仮名のもとになった草書は、点画の連続や曲線が多く見られる漢字の書体である。平仮名は、この草書が簡略化されてできたため、線に連続や曲線が生じ、折れや曲がり、結び、回転を含む線が多くなっている。また、始筆や終筆に筆脈（次の画への空中の動き）が表れやすいという特徴がある。

一方、小学校で学習する漢字は楷書である。楷書は、点画を連続させず、直線的に書く書体であるため、平仮名が本来持っている特徴とは調和しにくい側面がある。

そこで、小学校では、「楷書に調和する平仮名」を学習する。この平仮名は、平仮名本来の線の連続や曲線を控え、適度な直線化が図られたもので、点や画を一画ずつ分けて書く。

中学校で学習する行書は、楷書に比べ、点画の連続や省略のある書体である。そのため、平仮名本来の特徴と比較的調和しやすい。中学校では、学習の系統上、小学校で学んだ平仮名をもとにして、平仮名本来の特徴を生かした「行書に調和する平仮名」の字形や運筆を学ぶ。

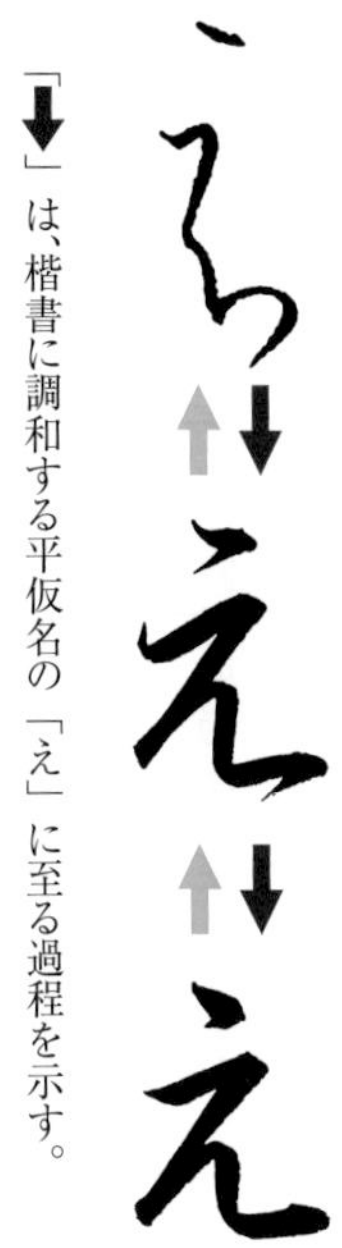
高等学校書道で学習する古典に見られる「え」の例
中学校書写で学習する行書に調和する「え」の例
小学校書写で学習する楷書に調和する「え」の例

「↓」は、楷書に調和する平仮名の「え」に至る過程を示す。
「↑」は、学校教育における平仮名の指導の順序を示す。

平仮名の字形や筆使いは、小学校高学年ごろから乱れはじめ、中学生になるとその乱れが増す。新聞、雑誌など、文章全体に使用される平仮名の割合は七〇%を超えており、平仮名の字形の乱れは文章の読みにくさに直結する。漢字仮名交じり文を調和よく書くためにも、平仮名学習の徹底、継続的指導はきわめて重要である。

文章中の平仮名の使用頻度は文字により差がある。使用頻度の高いものは「て・の・か・た・い・に・は・と・し」、低いものは「ぬ・ね・む・ゆ・ふ・ほ・ひ・み・へ」である。特に後者は字形の乱れが顕著である。

(2) 楷書に調和する平仮名の字形と筆使い

小学校第1学年の入門期の平仮名学習では、平仮名の概形（39ページ参照）を左図のような図形になぞらえて、理解を図ることがある。

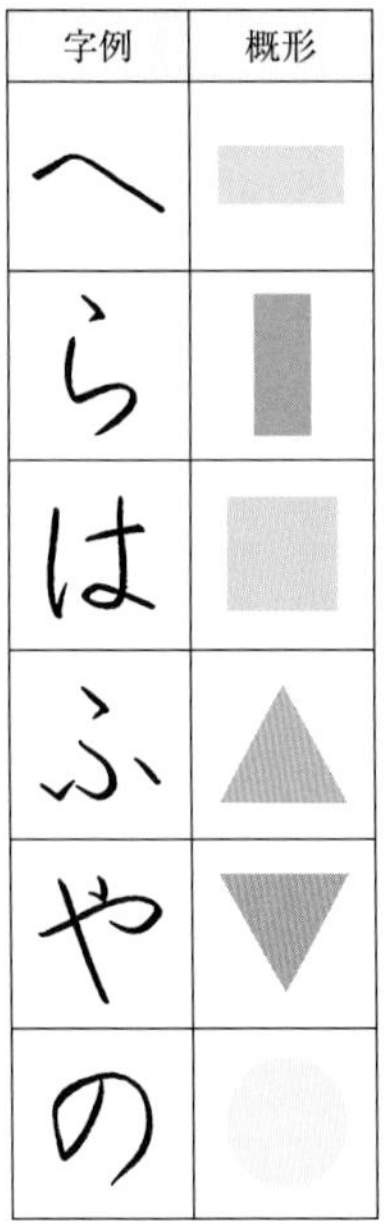
字例
概形
へ
ら
は
ふ
や
の
概形の類型

平仮名の筆順

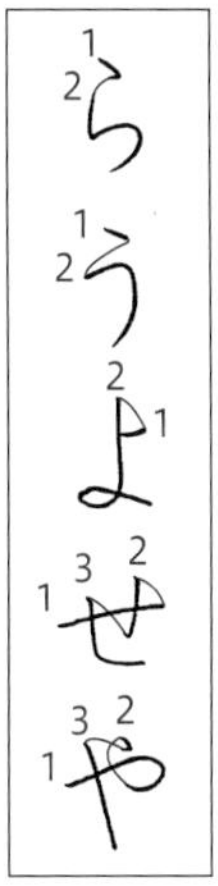

筆順は、運筆の効率性や書きやすさと関連付けて学ぶとよい。

筆使いは、楷書より、やや滑らかさや筆脈が加味されるが、一画ずつ明瞭に書く。

平仮名の始筆の角度と線質

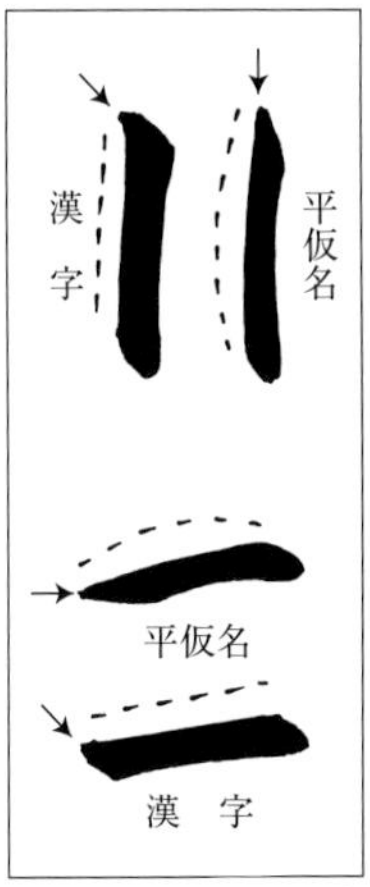
平仮名
漢字
平仮名
漢字

始筆では、楷書より角度や筆圧を少し緩める。終筆では、筆脈によってはねが生じてもよい。

(3) 用筆別に見た楷書に調和する平仮名の点画と筆使い

いずれの点画も、穂先の動きに留意して運筆する。

❶ 単一方向

ア 画

始筆は、一画目に書く場合と、前の画を受ける場合とで、始筆の角度が異なることに注意する。どんな画でも、そったり丸みを帯びたりする。また、対応し合う線は、向かい合うように書く。

＊赤は穂先の動き。

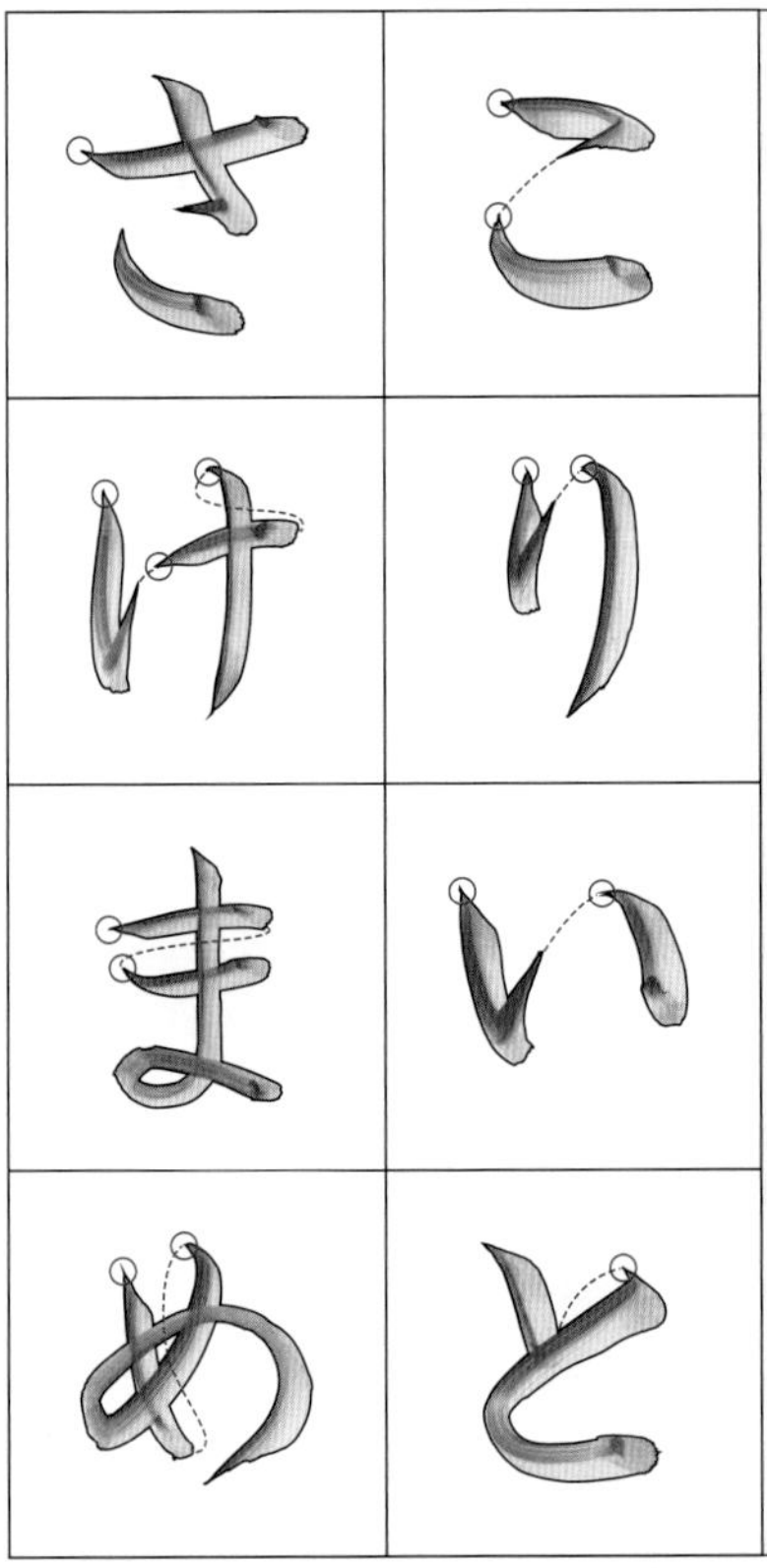

イ 点

一画目に書く点は、少しそることが多い。最終の点以外は、筆脈が実線化した「はね」が出てもよい。「はね」により、筆順が理解しやすくなる。

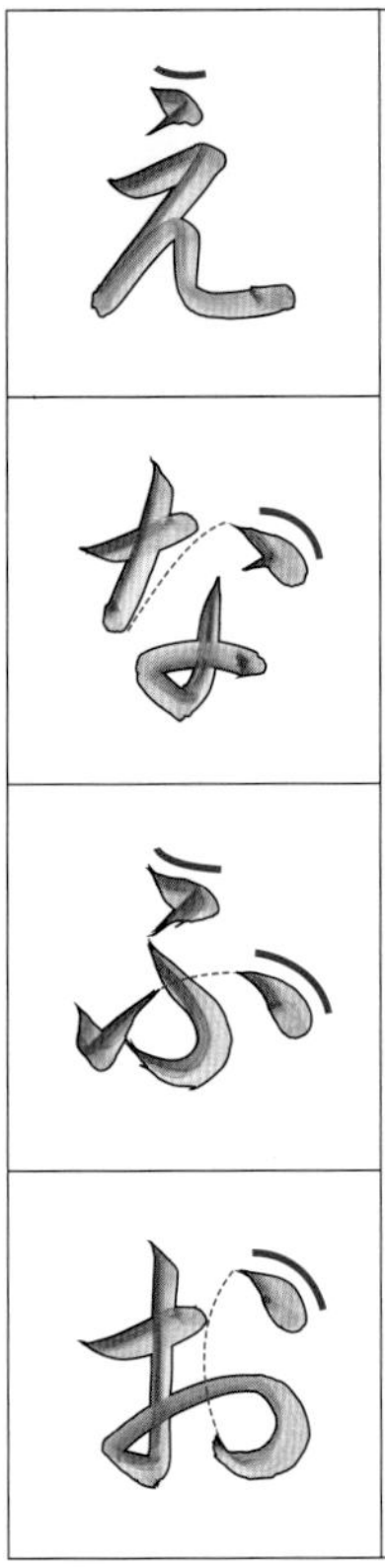

❷ 折れ

折れには、浅い折れと深い折れがある。深く折れるものを、折り返しということもある。

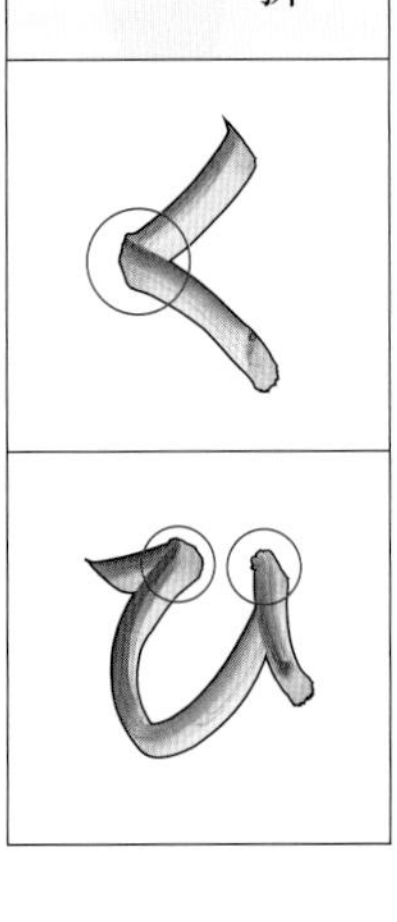

❸ 曲がり

右回り、大回り、左回りの曲がりがある。

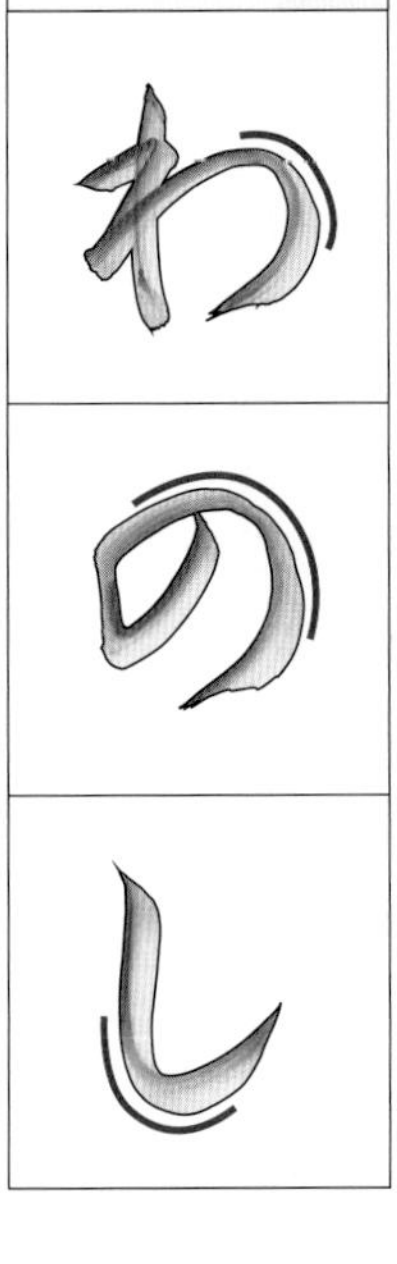

❹ 結び

（結びの書き分けについては35ページ③参照）

画の途中にある結び	画の終わりにある結び		画の終わりを小さくまるめる
	平結び（横結び）	三角結び（縦結び）	まるめ
おむすみ	はぬよ	なねほま	る

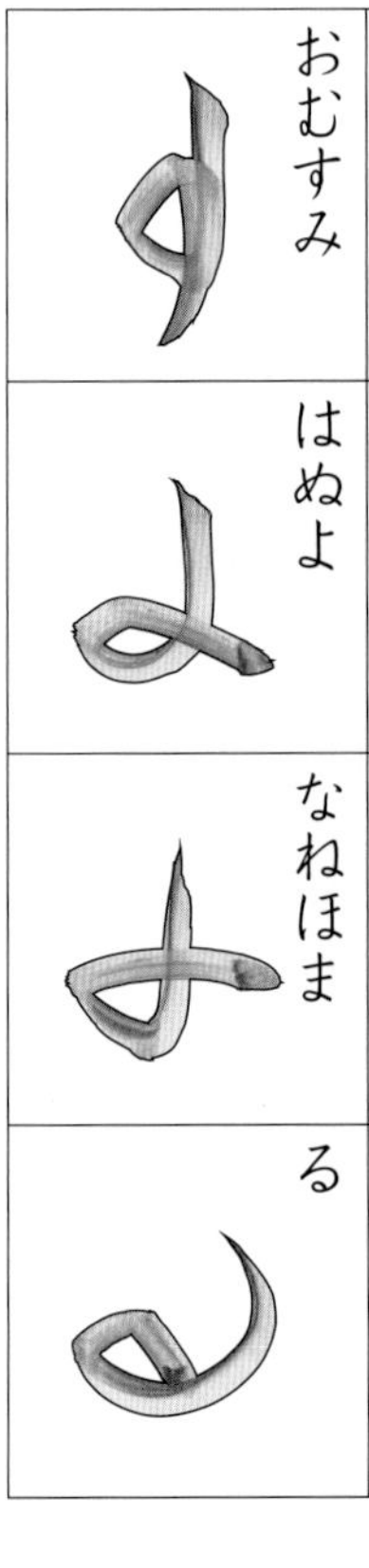

(4) 片仮名指導の基本的な考え方

片仮名は楷書の一部からできた文字が多い。したがって、筆使いは楷書と同じでよい。画数が少なく、少ない点画の組み合わせでできた文字であるため、字形が崩れやすい。字形が似ている文字もあるため、点画の方向や位置の感覚を的確につかむ必要がある。また、「右払い」と「そり」がない。

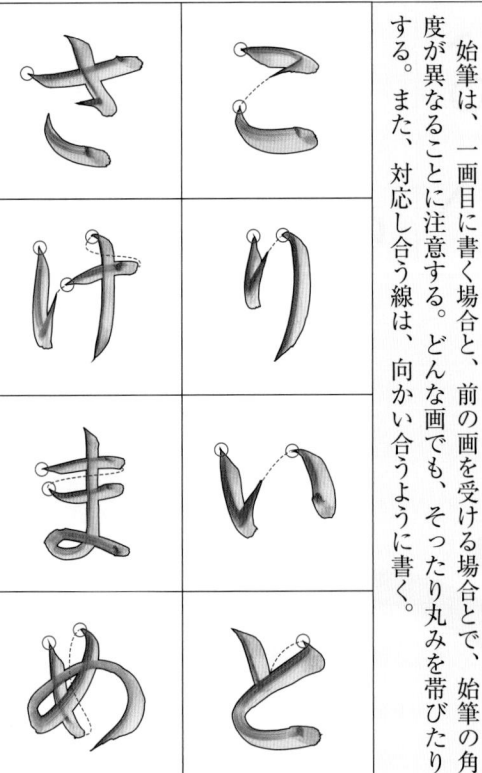

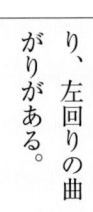

楷書に調和する平仮名

あり　はれ　にじ　うみ　おか　くつ

平仮名は、漢字の草書体を簡略化してできたものであり、曲線的であるという特徴を持つ。小学校では「楷書に調和する平仮名」を学習し、中学校ではこれに加えて「行書に調和する平仮名」も学ぶ。

●（イ）点画の書き方や文字の形に注意しながら、筆順に従って丁寧に書くこと。

●小学校学習指導要領　国語（書写）［第1学年及び第2学年］

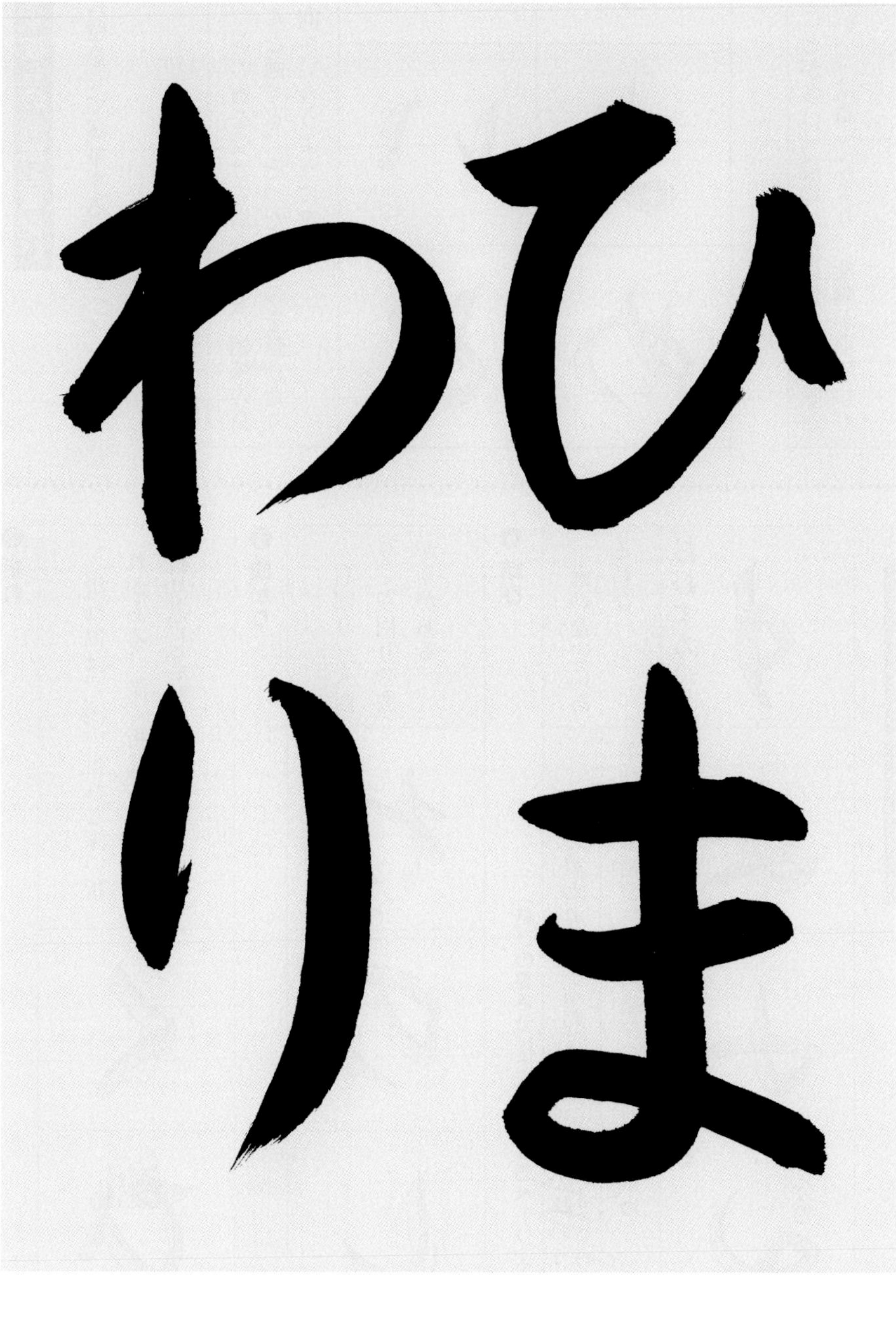

平仮名のポイント

平仮名は少ない点画で構成され、点画の形で字形が決定づけられる。筆使い（33ページ参照）や点画の方向に特に注意させたい。

❶ **最終画の終筆の筆使い**

右下や右方向に向かう画は止め、左下に向かう画は払う。「し」のみ例外である。

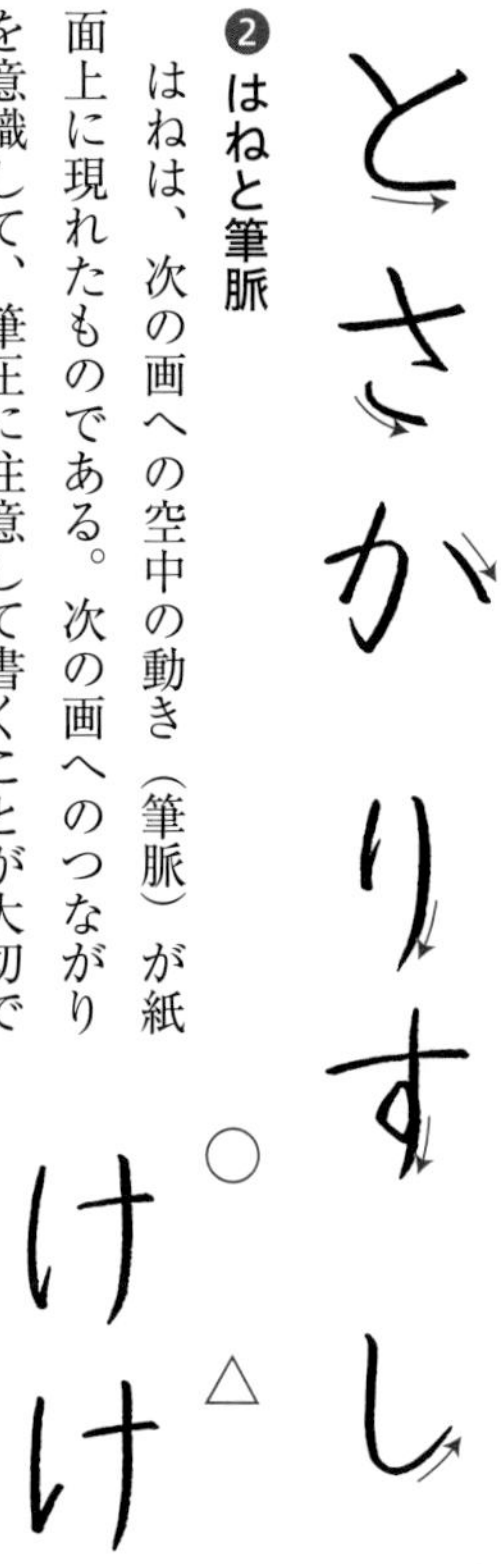

❷ **はねと筆脈**

はねは、次の画への空中の動き（筆脈）が紙面上に現れたものである。次の画へのつながりを意識して、筆圧に注意して書くことが大切である。筆脈を線で表さないように気を付けさせたい。

❸ **結びの形**

・画の途中にある結び…縦長（三角形）に結ぶ。〔お・む・す・み〕

・画の終わりにある結び…横長に結ぶ（平結び）。〔は・ぬ・よ〕

「な・ね・ほ・ま」については、学習上の配慮から、小学校では平結びの一種類の書き方で指導している。字源に即して、結びを三角形に指導する場合もある。

・画の終わりや途中を小さく丸める。〔る・ゐ・ゑ〕

❹ **毛筆の筆使い**

・「曲がり」では、筆の軸を指先で回さないように指導する。うずまきを書き、筆の先がねじれても元にもどることを理解させるとよい。

指導のアイデア

◆**平仮名の概形**

適切な概形と不適切な概形の平仮名を比べて、どちらの字形が整っているか考えさせる。文字の形（低学年では概形のこと）に注意するよう指導する。

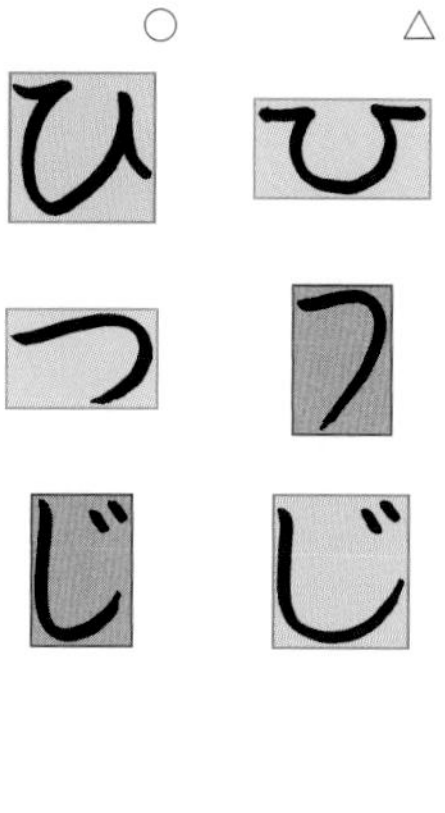

◆**かご字のワークシート**

教師が黒板やＯＨＣ（書画カメラ）上でかご字を示し、クラスで一緒に考えながら着眼点を話し合う（かご字の作り方は51ページ参照）。

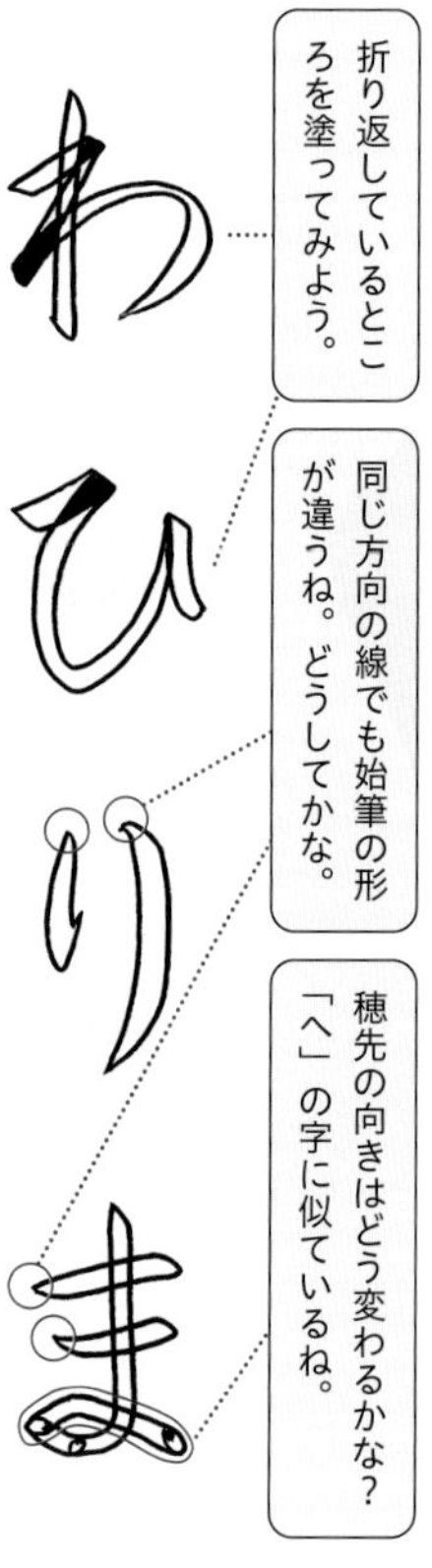

折り返しているところを塗ってみよう。
同じ方向の線でも始筆の形が違うね。どうしてかな。
穂先の向きはどう変わるかな？「へ」の字に似ているね。

◆**平仮名カードを分類**

平仮名を書いたカードを用意し、①「折れ」（一度止まって方向を変える）、②「曲がり」（止まらずに方向を変える）、③「折れ」と「曲がり」両方、④「折れ」と「曲がり」の両方がない平仮名に分類する。活動後、曲がりや折れを意識して硬筆で練習する。

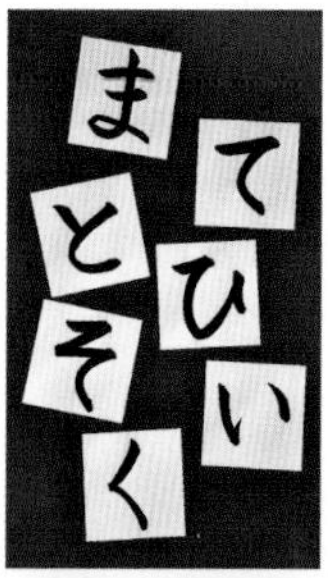

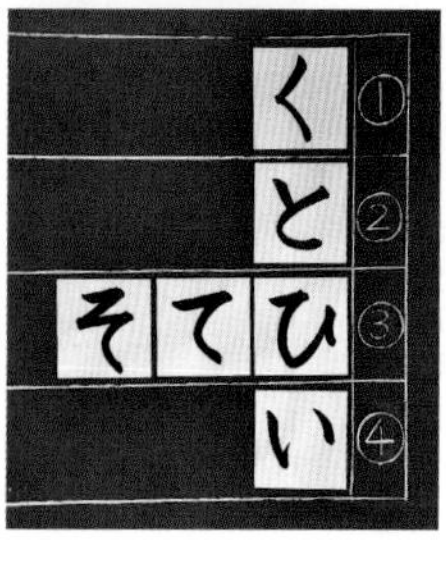

楷書に調和する片仮名

●小学校学習指導要領　国語（書写）［第1学年及び第2学年］

片仮名は、主に漢字の楷書からその一部を取ってできており、筆使いに関しては楷書と同様でよい。単純な字画が多く、点画の方向や長さに注意しないと字形を整えにくい。

●（イ）点画の書き方や文字の形に注意しながら、筆順に従って丁寧に書くこと。

ハム　ツキ　シカ　モリ　コメ　セミ

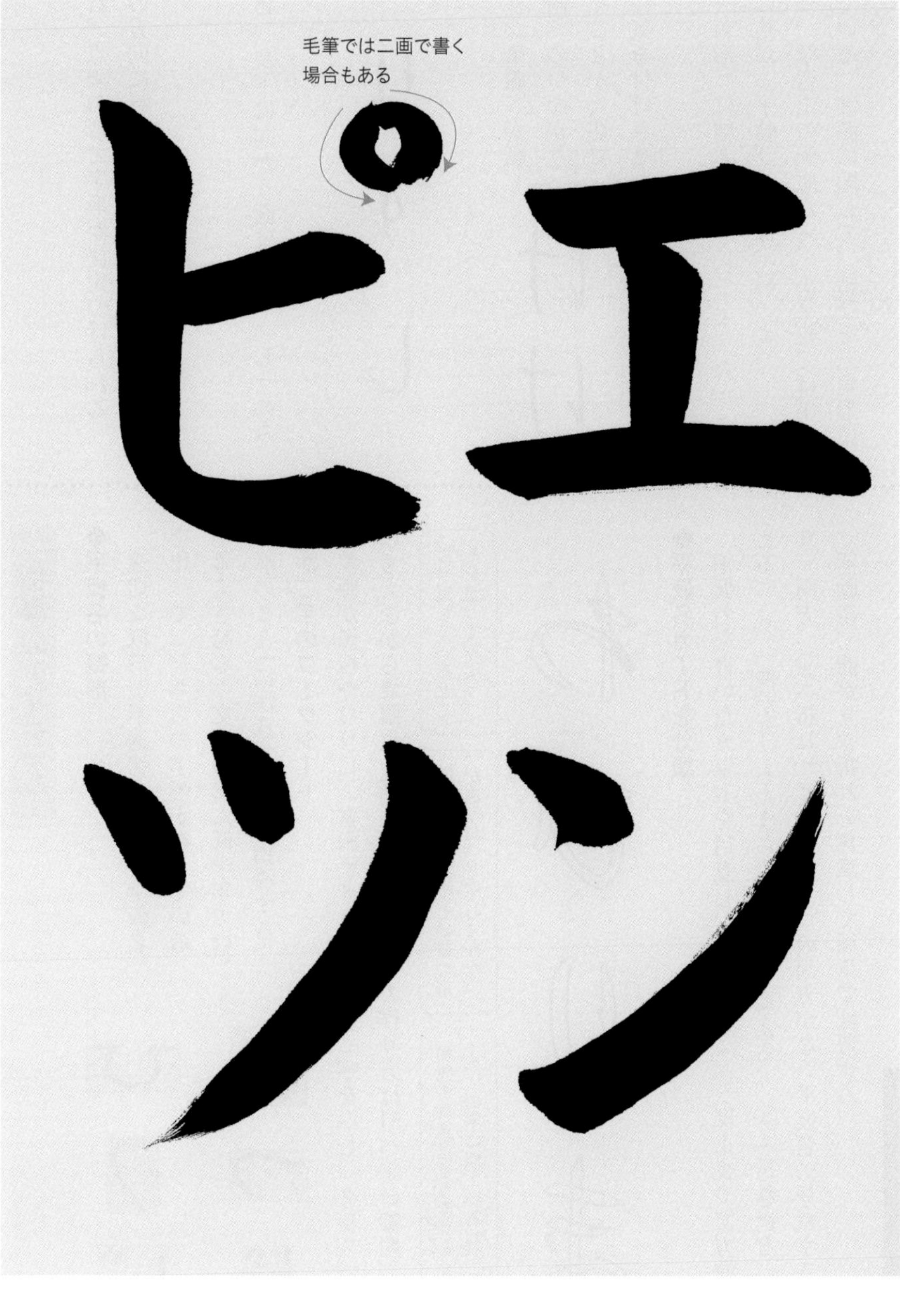

片仮名のポイント

グローバル化やＩＴ化が進む中、片仮名表記の言葉を書く機会が急増している。読み誤まられることのないよう、文字を書き慣れる学年に上がるほど、字形指導に注意が必要である。

❶字形と筆使い

下のような字形が似ている文字について、点画の方向や長さ、位置を確実につかむ必要がある。また、片仮名も、平仮名と同じように単純な概形になぞらえることが多い。小学校低学年では字形指導に役立つ。

コ	ス	ク	テ	ア
ユ	ヌ	ワ	ラ	マ
エ	タ	ウ	ヲ	ヤ

へ	り	ハ	ホ	チ
ヘ	リ	八	木	千

字例	概形
ニ	
イ	
カ	
ム	
ア	

概形の類型

❷濁点と半濁点の書き方と位置（平仮名・片仮名共通）

文字に近いほうから書く。　硬筆では一画で書く。　濁点・半濁点は文字の右上に書く。

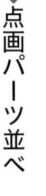

ズ○　じ○　ズ×　じ×

授業のアイデア

◆点画パーツ並べ

点画パーツ（写真）を並べる活動をさせ、点画の方向や位置を理解する。二人組やグループで活動するとよい（点画パーツの作り方は53ページ参照）。

◆間違えやすい片仮名

書き方があいまいで、読み誤られそうな字形を提示し、片仮名の点画の長さ、方向、終筆（止め・払い）などについて、どこに注意して書いたらよいか、グループで話し合わせる。

ワ（ク？ワ？）　ユ（ユ？コ？）　ヌ（ス？ヌ？）　ア（ア？マ？）　シ（シ？ツ？）

◆似ている片仮名クイズ

字形が似ている片仮名について、教師が次のようなクイズを出題する。子どもは、二つのうち、片仮名で正しく書かれているほうを選ぶ。

【クイズの例】（どれも前者が正解）

問１「そり」――→「ソリ」と「ンリ」
問２「つつじ」――→「ツツジ」と「シシヅ」
問３「れもん」――→「レモン」と「レモソ」
問４「まらそん」――→「マラソン」と「マランソ」

クイズの回答（選択肢）を、カードなどの掲示物で用意する。一問ずつ、正解を上に、不正解を下に貼る形で、テンポよく答え合わせをする。その後、違いのポイントについて学習させる。

楷書の基本点画

● （ウ）毛筆を使用して点画の書き方への理解を深め、筆圧などに注意して書くこと。
（小学校学習指導要領　国語（書写）〔第3学年及び第4学年〕）

基本点画	解説	主な点画（※数字は筆圧を数値化した目安）	主に毛筆の筆使い（①～④は形状別の注意点）
横画	頻度数が最も多い画。長い横画は右上がりで伏する形となる。	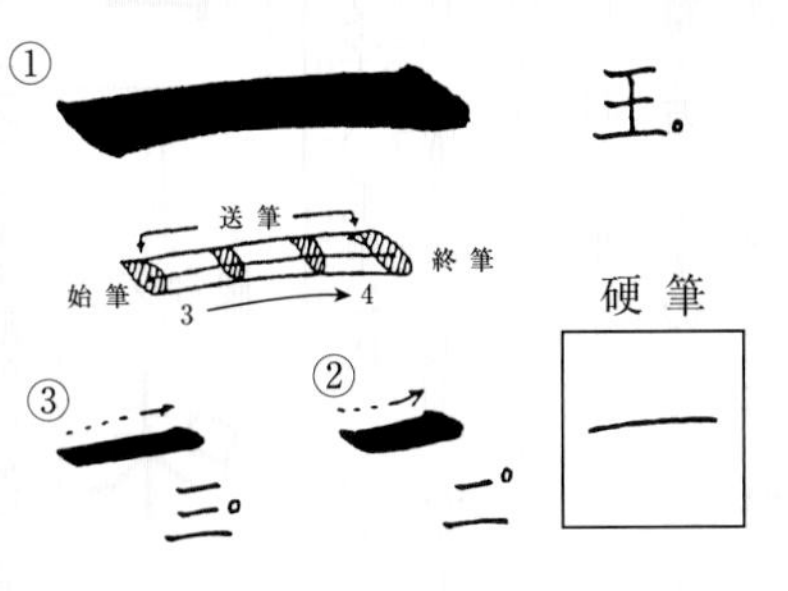	※肩や腕を（硬筆では手首を）支点として運筆する。筆先の通る位置は上側。 ①長い横画 始筆…左上方約四十五度から筆を下ろす。 送筆…筆圧を徐々に加え、右横に運ぶ。 終筆…筆先の方に押し返すよう引き上げる。 ②短い横画…仰ぐように。 ③短い横画…筆圧はほぼ一定で、直線的に右上がりに書く。
縦画	主に文字の柱として直立した形が要求され、概して太めに書く。	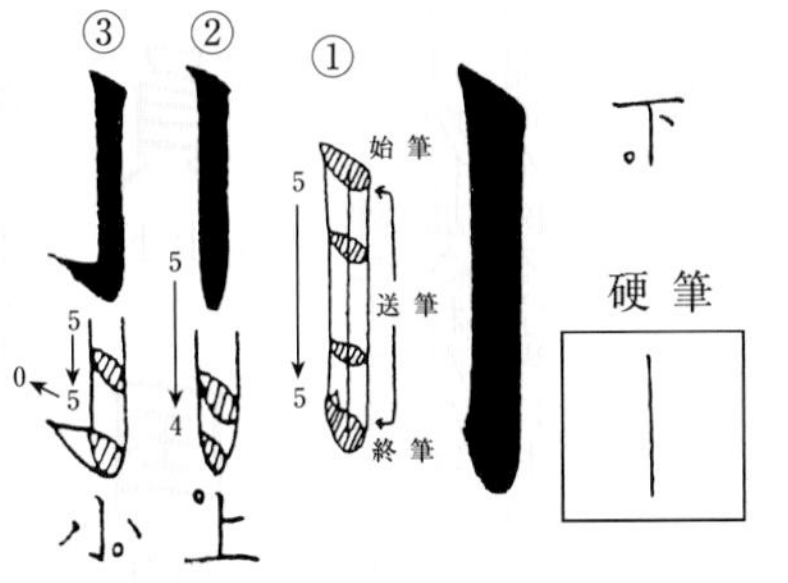	※腕全体を使って胸の前に運ぶ気持ちで。筆先の通る位置は常に左側。 ①終筆を強く止める縦画 始筆・終筆の筆圧は強く、垂直に送筆する。 ②終筆を軽く止める縦画 終筆の筆圧を弱くし、筆先を残して上方に引き上げる。終筆が他画と接する場合に用いる。 ③終筆がはねの縦画 筆先をそろえ左上方に短くはねる。
折れ（転折《てんせつ》）	送筆の途中で止めて、方向を変えて書く画。複合画のひとつ。	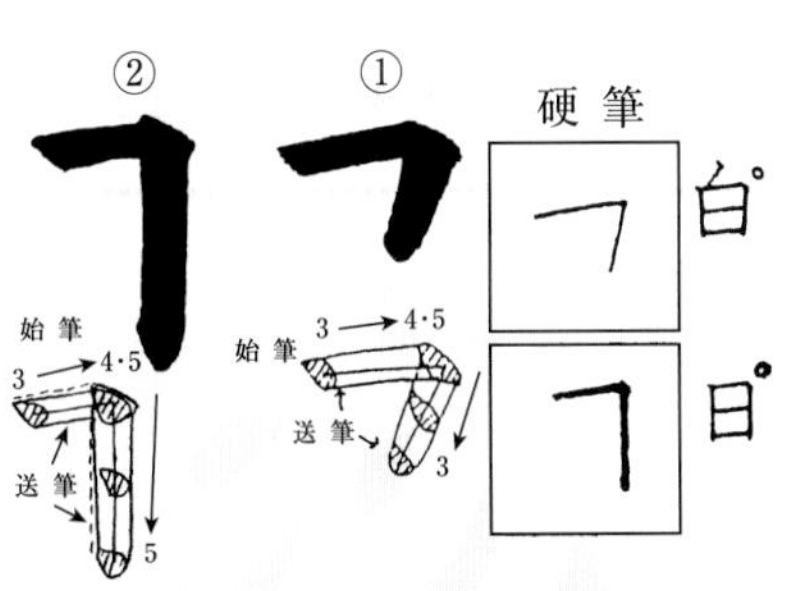	※左上方約四十五度からの始筆で、送筆の途中で止め方向転換する。 ※横方向から縦方向の折れでは、横部の終筆が、縦部の始筆になるように。 ※横部を細めに、縦部を太めに書く。 ①横部より縦部が短い場合 （例、「口・白」等） …内側に折る ②横部より縦部が長い場合 （例、「日・自」等） …垂直に折る
左払い	次画への円滑な移行のために軽快に運ぶ画。長さや方向は多種。	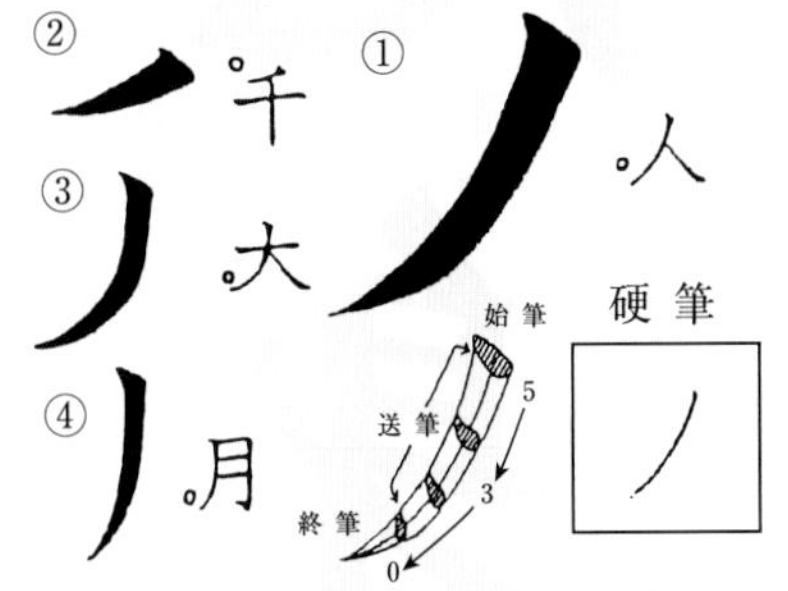	※左上方約四十五度からの始筆で、左下方に送筆する。筆先は線の上方を通る。 ①中央部を過ぎたら筆圧を徐々に緩め、筆先をまとめながらゆっくり払う。 ②下の横画とほぼ平行に短く払う。 ③交点まで垂直に送筆の後、丸みをつけて左横に払う。 ④右横の縦画と平行になるよう大半を垂直に引いてから小さく払う。
右払い	右上がりの抑制のために重量感を強め、左右の均衡を図る画。	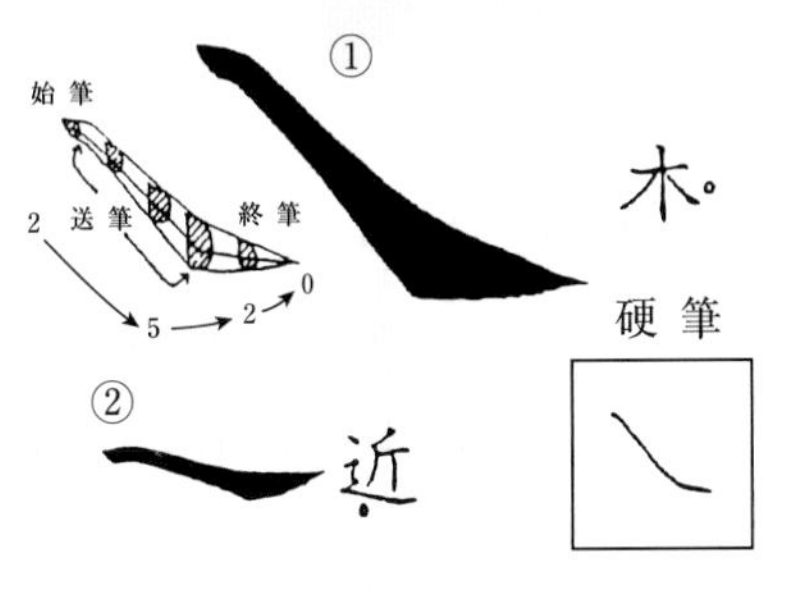	①始筆…左上方から弱い筆圧で筆を入れて、軽く止める。 送筆…右下四十五度方向に筆圧を加える。筆圧が最大になったところで一度止まり、その後、筆先をそろえるように筆圧を減じる。 終筆…筆先をまとめながらゆっくり右横へ払う。 ②は、「しんにょう」に使われ、送筆を「へ」の字に運筆する。

基本点画	解　説	主な点画（※数字は筆圧を数値化した目安）	主に毛筆の筆使い（①〜④は形状別の注意点）
右上払い	次画への円滑な移行のために軽快に右上方向に運ぶ画。	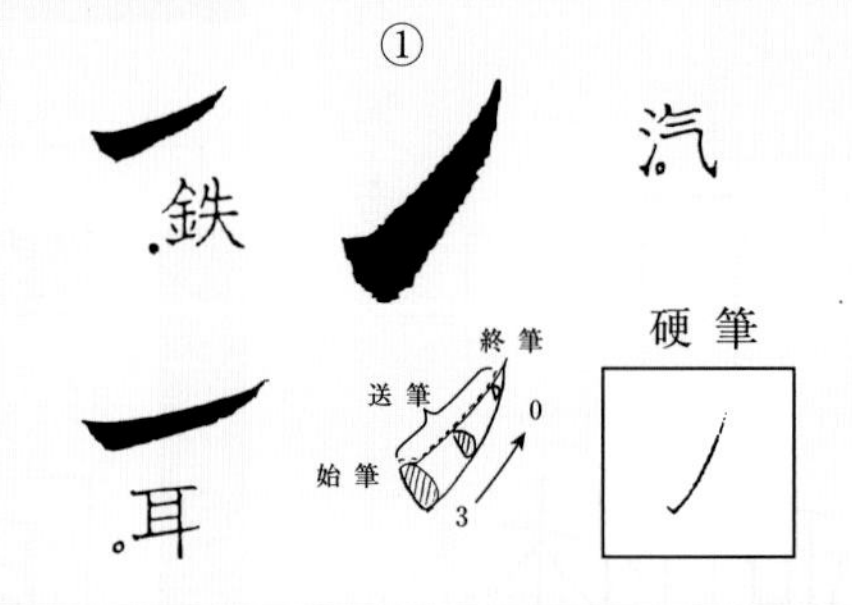	※終筆は「払い」である。「はね」と間違えやすいので注意。送筆を意識することが大切である。 ※「レ・ム」の折れから終筆への筆使いも同様である。 ①始筆…左上方から強い筆圧で入筆する。 送筆…短くてもすぐ払うのではなく、筆圧を徐々に弱くする。 終筆…次画の書き出しに向かいすくい上げるように払う。
点	方向と長さを持った短い画。送筆の向き・終筆により三種ある。	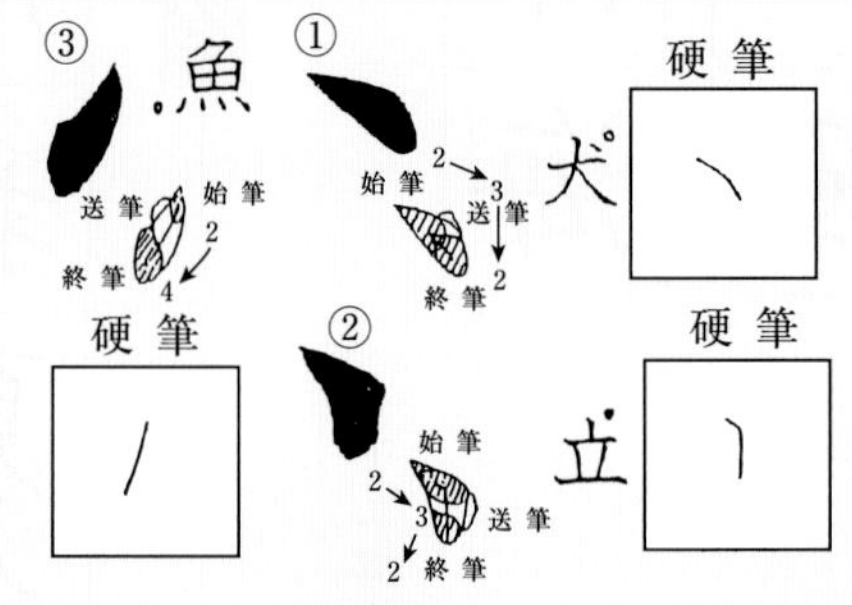	※始筆、送筆、終筆を意識することが大切である。 ①始筆…左上方から入筆する。 送筆…右下方向に短く。 終筆…筆先の方向に突き返して筆を上げる。 ②は、送筆部を垂直に運ぶ縦点。 ③始筆…筆先を起こした状態から軽く入筆する。 送筆…左下へ押し込むよう筆圧を加え止める。 終筆…筆先の方向に突き返して筆を抜きあげる。
そり（「戈法《かほう》」）	送筆部の曲線の形状をいう。左回り・右回りがあり終筆ははね。	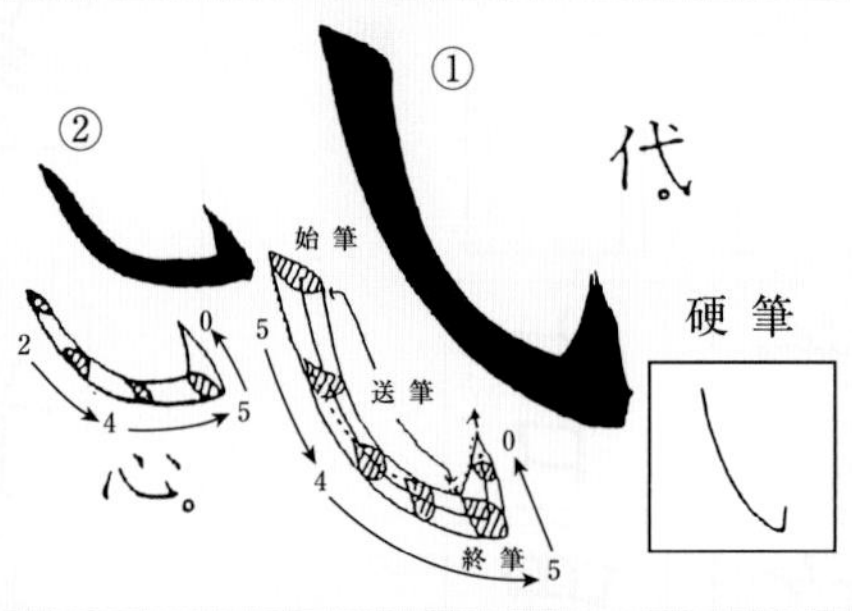	※筆先の位置の移動に注意。 ※筆の軸を回さず運筆する。 ①始筆…左上方から強い筆圧で筆を入れる。 送筆…右下に弓なりに引く。 終筆…筆圧を強くしないで止め、真上か右上方に筆先をまとめながらはねる。 ②始筆…弱い筆圧で入筆する。 送筆…中程から水平に運ぶ。 終筆…「はね」は内側の次画の始筆に向く。
曲がり（「浮鵞《ふが》」）	送筆の途中で曲線を描きながら、ほぼ九十度に方向を変える画。	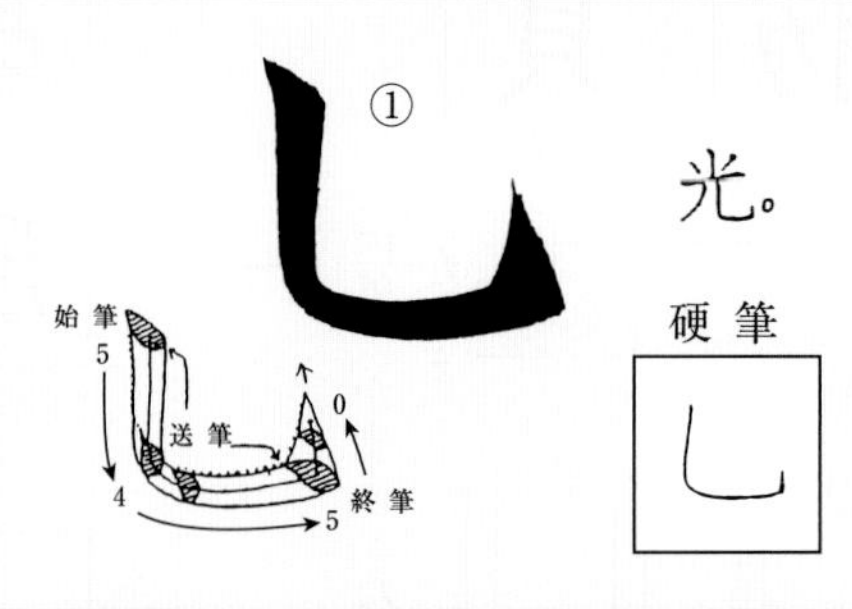	※筆先の位置の移動に注意。 ※筆の軸を回さず運筆する。 ①始筆…左上方から強い筆圧で筆を入れる。 送筆…ほぼ垂直に運筆した後、筆圧をやや弱めながら丸みがでるようにゆっくり曲げる。仰ぐように右に運筆し、徐々に筆圧を加える。 終筆…止めてから真上にはねる。
複合画	「折れ」以外の複合画。および二つ以上の「折れ」を含む画。	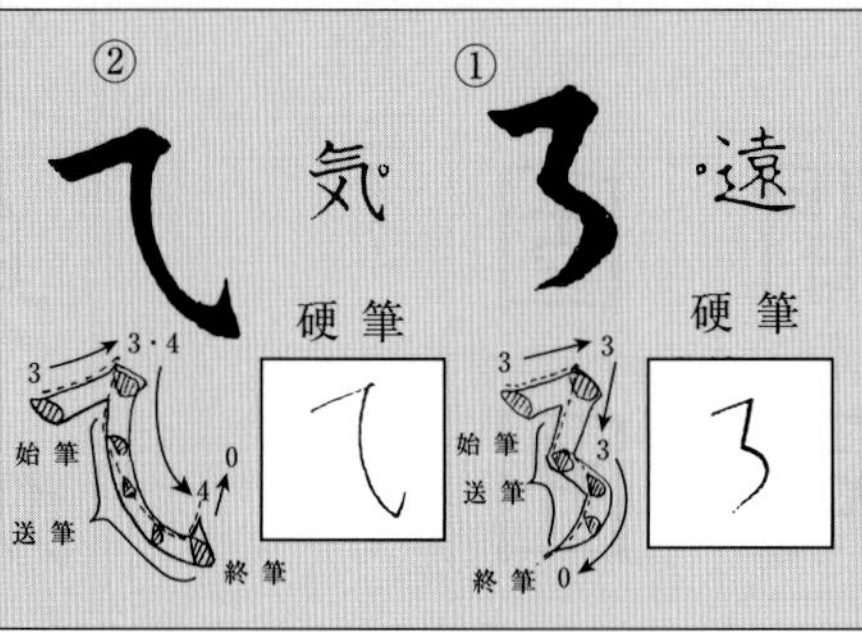	※筆先の位置の移動に注意。 ※折れる方向は変わるものの、筆圧はほぼ一定。 ①…「しんにょう」の二画目にあたる画。二画で書かないよう、送筆の「折れ」の方向に注意する。 ②…横画に「そり」が複合した画。接合部はつき返すようにしてから「そり」の送筆となる。平仮名にも同様の「おりかえし」がある。

字形の要素の系統図

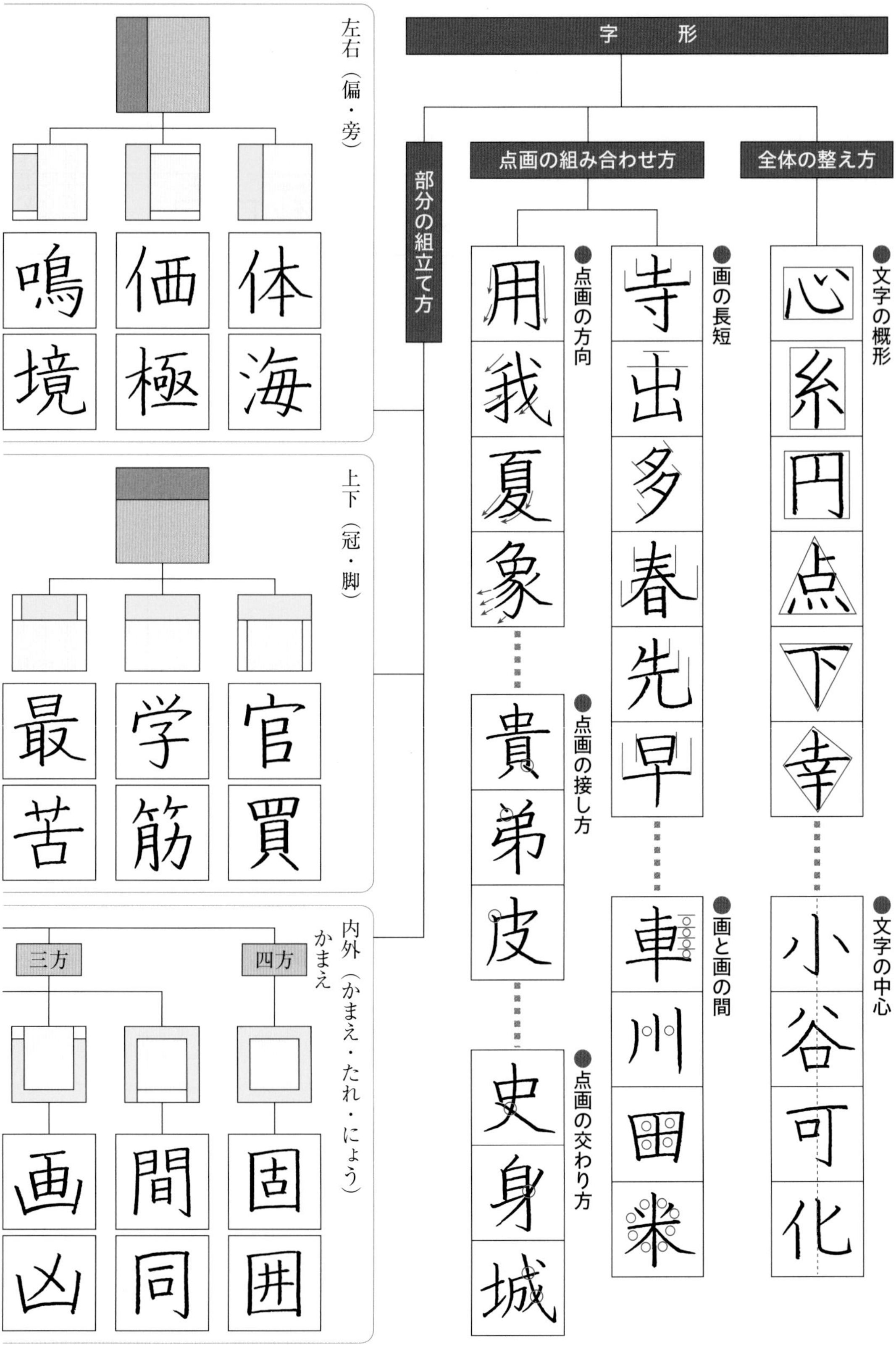
字形
全体の整え方
点画の組み合わせ方
部分の組立て方
文字の概形
心 糸 円 点 下 幸
文字の中心
小 谷 可 化
画の長短
寺 出 多 春 先 早
画と画の間
車 川 田 米
点画の方向
用 我 夏 象
点画の接し方
貴 弟 皮
点画の交わり方
史 身 城
左右（偏・旁）
鳴 境 価 極 体 海
上下（冠・脚）
最 苦 学 筋 官 買
内外（かまえ・たれ・にょう）
かまえ
三方
四方
画 凶 間 同 固 囲

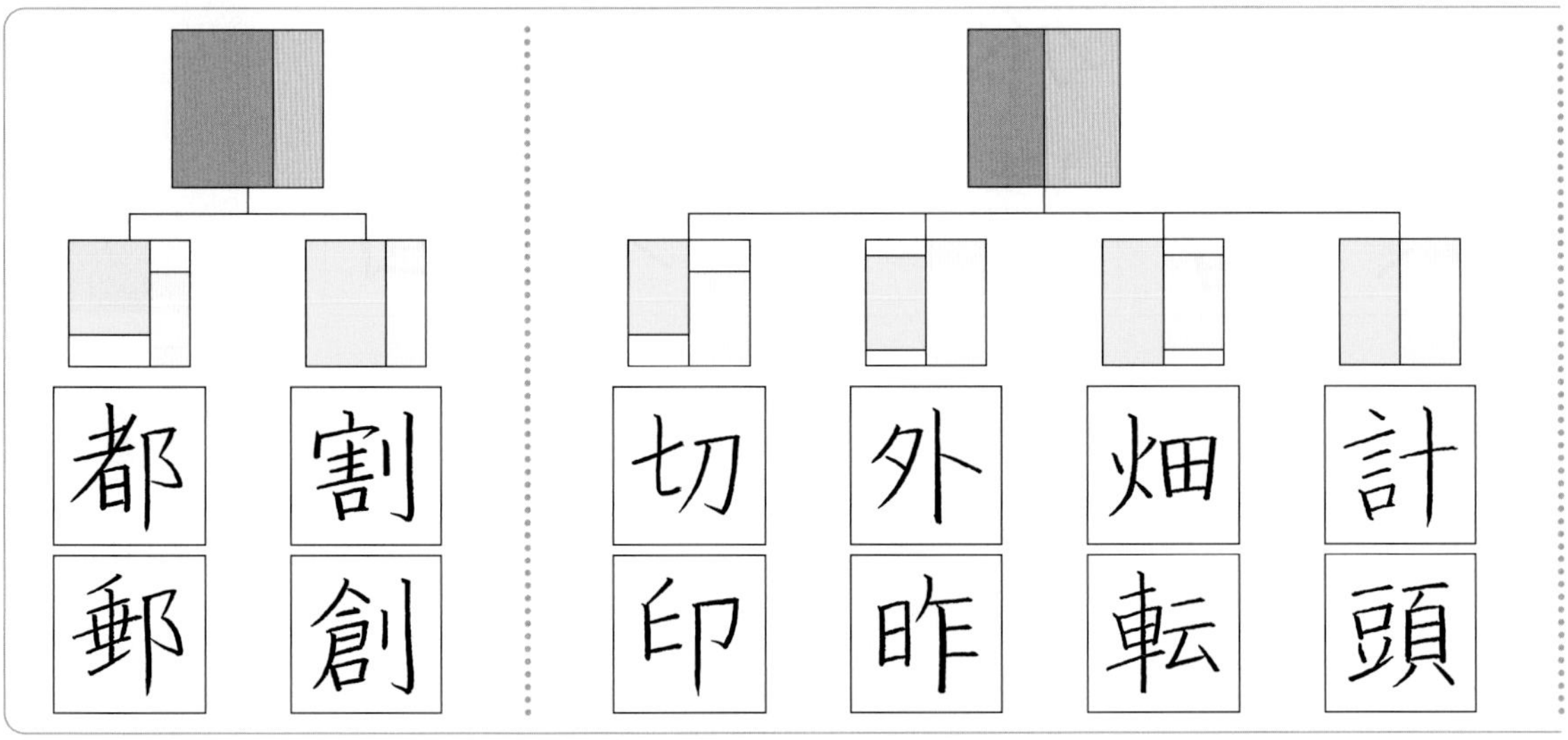
都 郵
割 創
切 印
外 昨
畑 転
計 頭

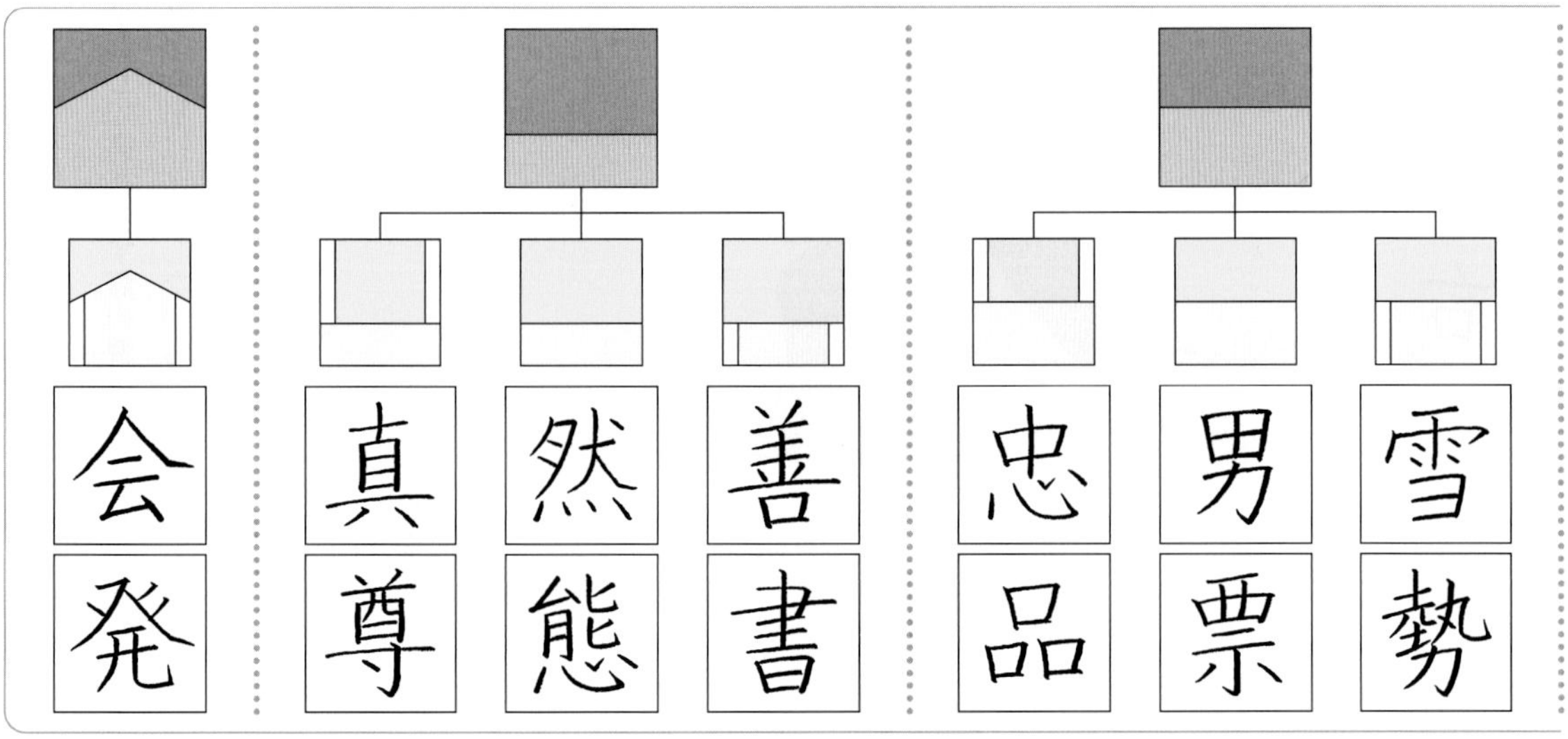
会 発
真 尊
然 態
善 書
忠 品
男 票
雪 勢

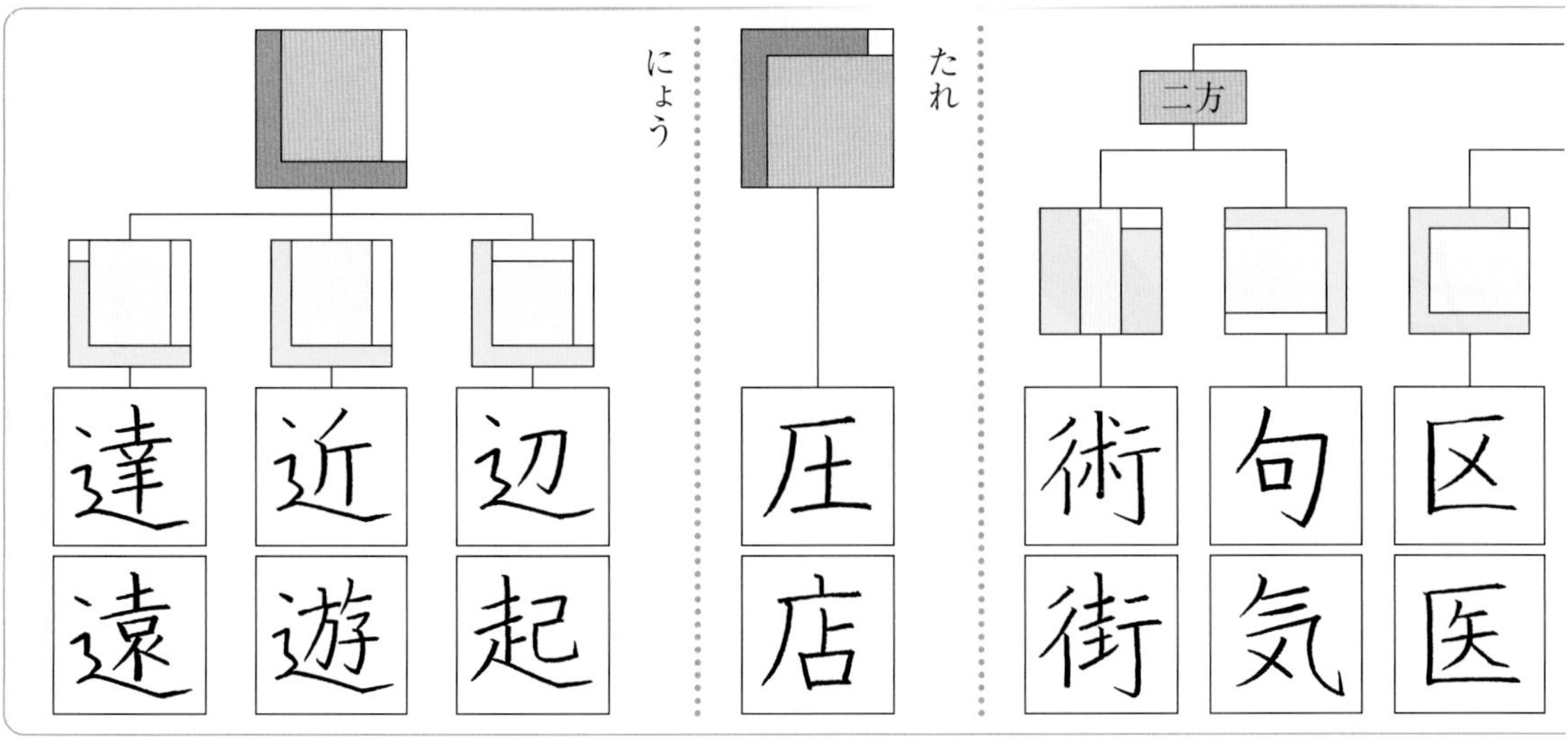
にょう
達 遠
近 遊
辺 起
たれ
圧 店
二方
術 街
句 気
区 医

筆順

「**筆順**」とは、点画を文字として書き表す際の習慣化された合理的な順序である。「書き順」ともいう。

● （イ）点画の書き方や文字の形に注意しながら、筆順に従って丁寧に書くこと。

●小学校学習指導要領　国語（書写）［第1学年及び第2学年］

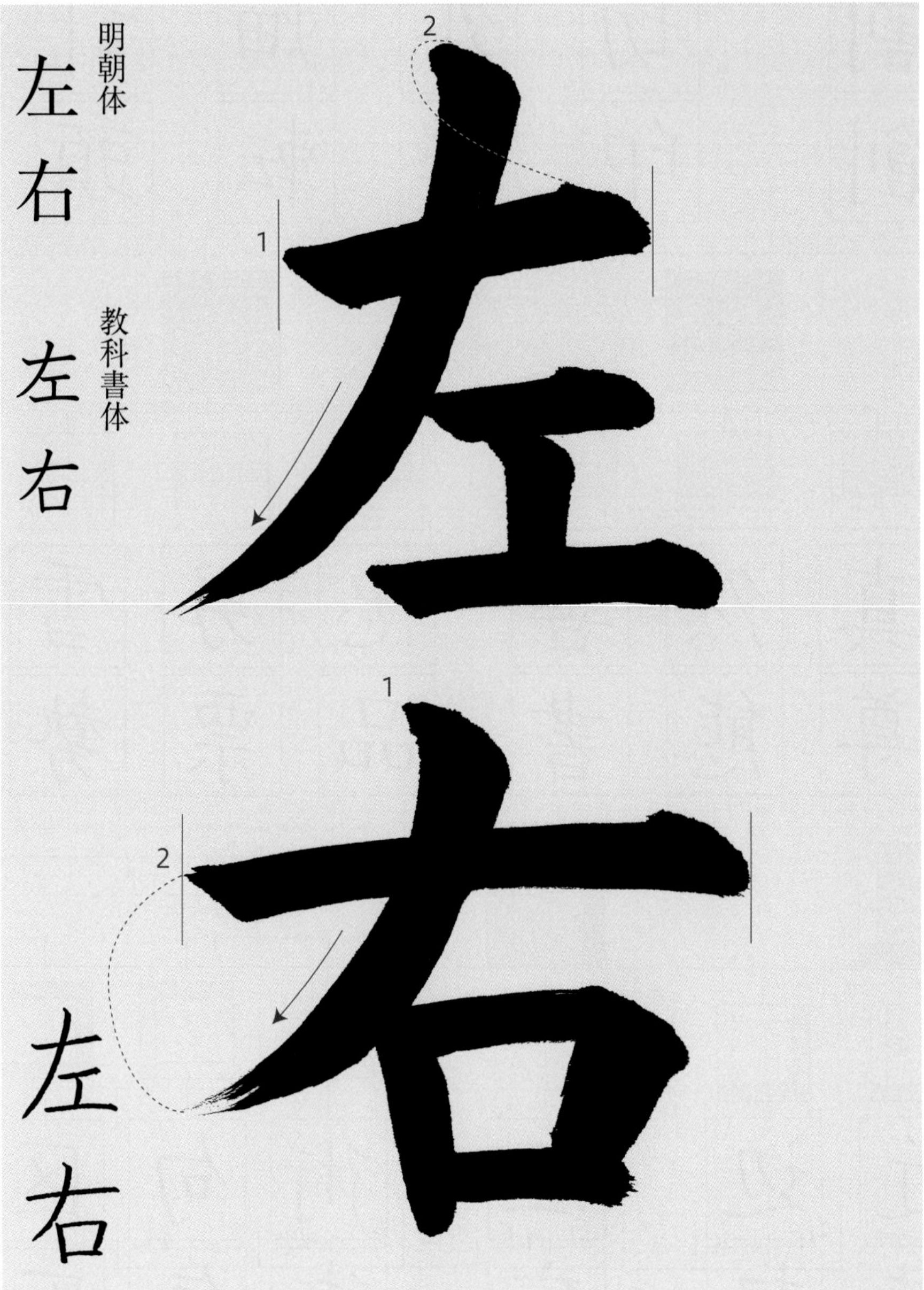

筆順のポイント

「左右」の一・二画目は、下のように字源と関連付けて説明することがあるが、この字例のように字源に典拠を見出せる筆順は多くないため、筆順全体を字源と関連付けて統一的に説明することはできない。したがって、学校教育においては、主に規範とする字形との関係から筆順を説明する。

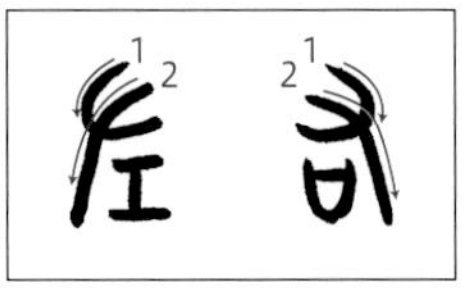

「左右」の場合は、横画と左払いの長さの違いに着目させ、短い横画と左払いが交差する場合は横画が先、長い横画と左払いが交差する場合は左払いが先という原則を立てて指導する。この場合、運筆の効率性（点画から点画への移動距離の短さ）が両者の違いの理由になる。

筆順は文字によって一通りとは限らないが、学校教育では習得の負担を考えて、「同じ形は同じ筆順」という通則や、一字一則主義を前提として指導する（108ページ参照）。また、系統的に学習できるように「上から下へ」「左から右へ」など、右手の動きを踏まえた合理的な原則を立てる（109〜111ページ参照）。そして「整えやすさ」「運筆のしやすさ」など、筆順の機能に着目した指導を行う。

なお、望ましい筆順による板書等の書字活動ができることは、教師の資質の一つであるといわれる。漢字だけでなく、平仮名や片仮名の筆順についても再確認し、意識しなくとも望ましい筆順で書けるようにしておくことが肝要である。

授業のアイデア

◆筆脈の確認

筆順に従って書いた文字の筆脈（点画のつながり（60ページ参照）と、そうでない文字の筆脈を比較する。運筆の効率性や、それが字形にどう影響するかについて話し合う。

○注意すべき筆順

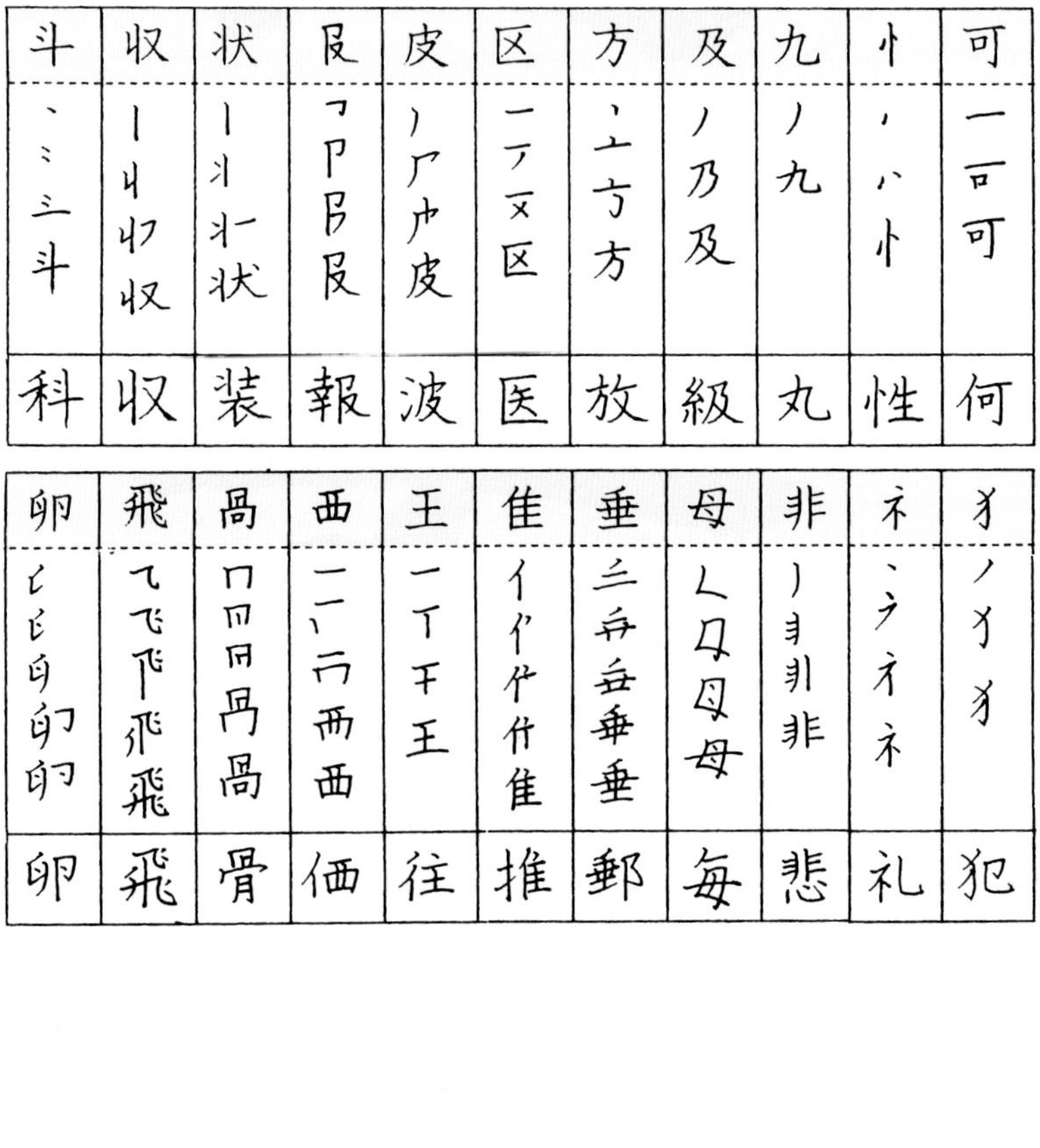

＊二つある筆順は右側が小学校で取り上げるもの

点画の長短／画と画の間

●小学校学習指導要領　国語（書写）［第1学年及び第2学年］

●（ウ）点画相互の接し方や交わり方、長短や方向などに注意して、文字を正しく書くこと。

「点画の長短」とは、一字中の点画相互の長さの違いをいう。

「画と画の間」とは、同一方向に並ぶ三つ以上の点画と点画によって作られる間隔のことである。「画間《かくかん》」ともいう。

下の丸数字は、左ページのポイントの丸数字に対応

三年 ❶

外形 ❸

未来 ❹

先代 ❺

事典 ❼❻❷❶

漁場 ❽❼

明朝体
山寺

教科書体
山寺

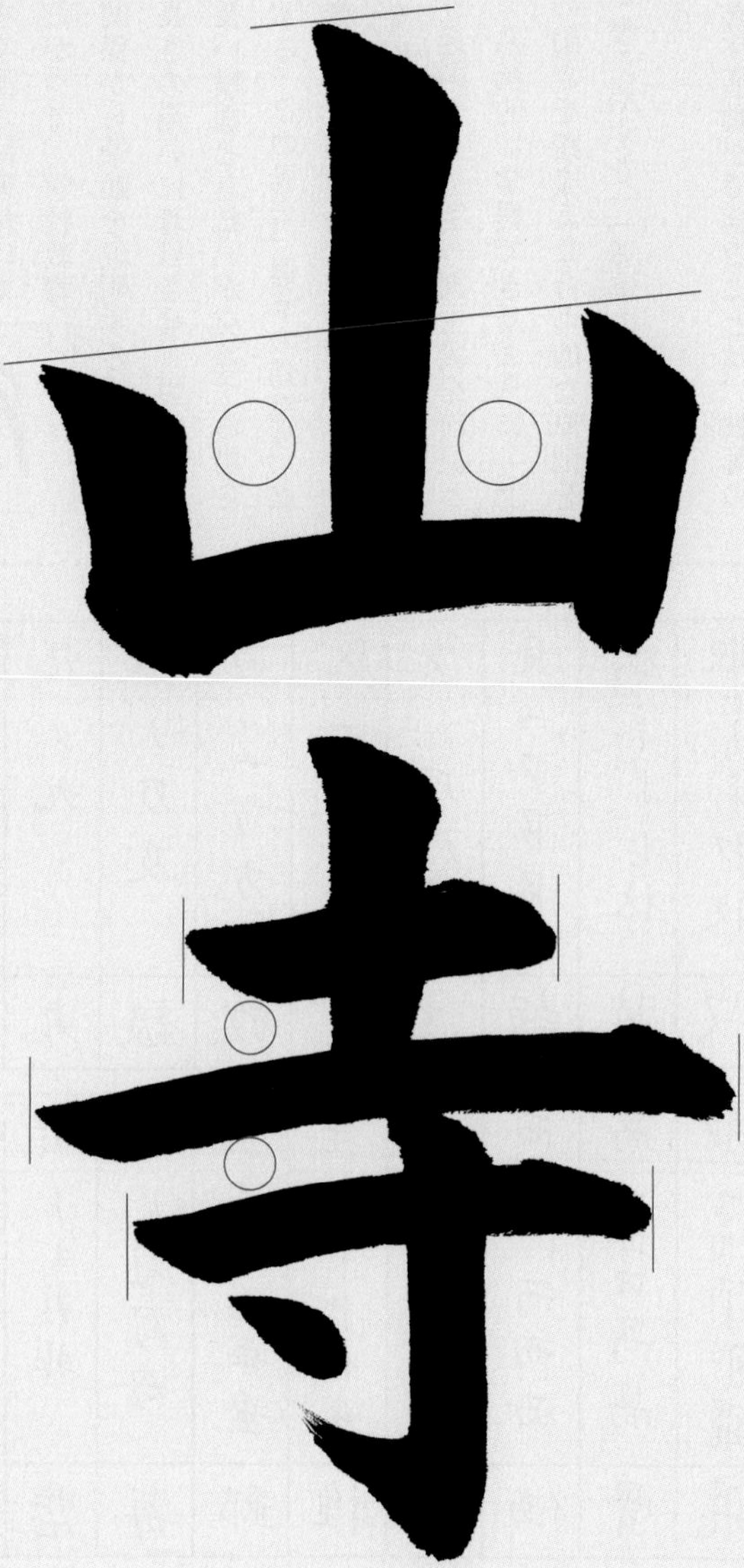

山寺

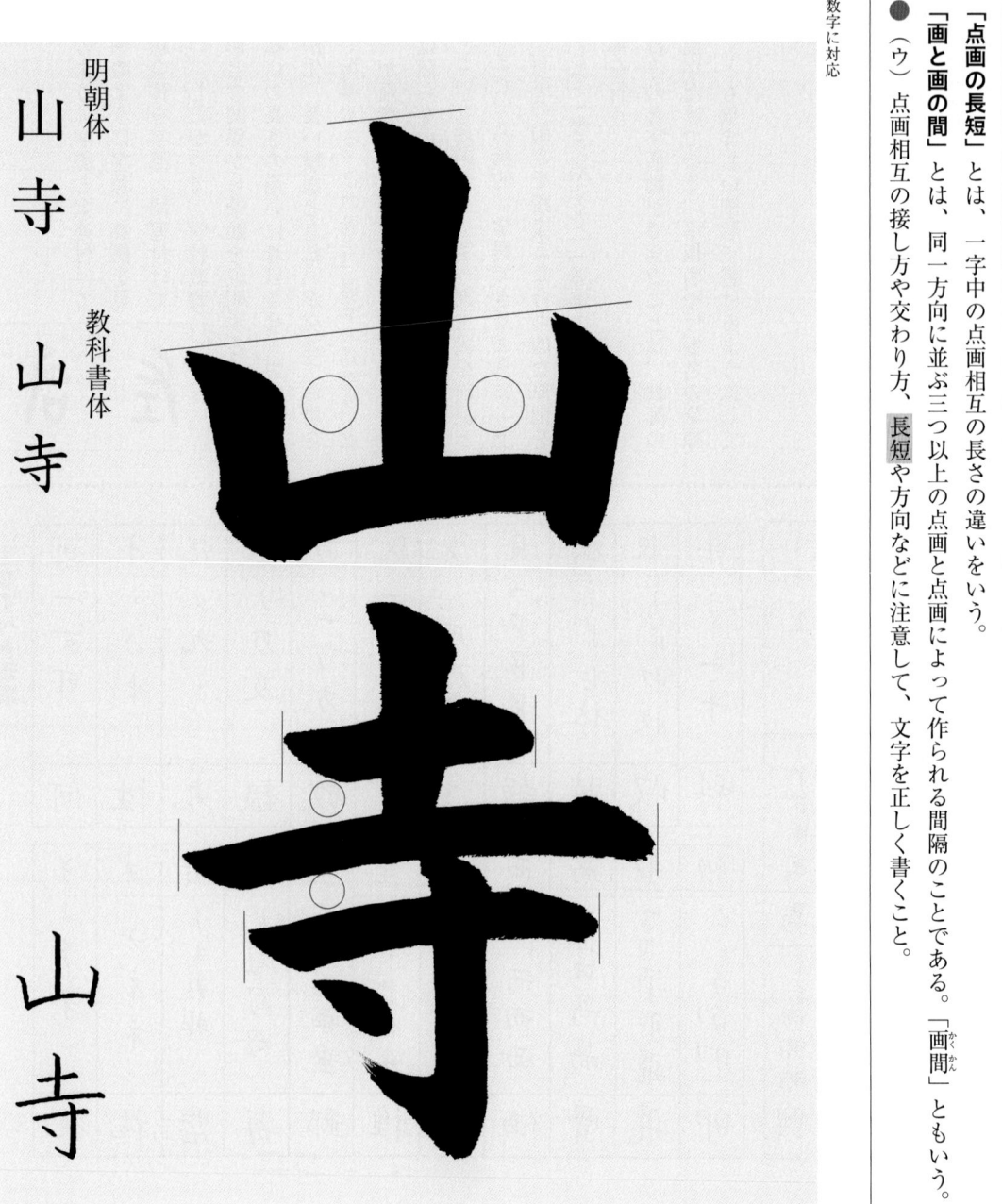

点画の長短のポイント

一画・一対の長さを強調することを基本とする。

❶ 複数本ある横画
一画を長く

青 正

❷ 複数本ある縦画
左右対称形は中央を長く、他は右側を長く

世 出 材 草

❸ 複数本ある左払い
下の方を長く

行 各

❹ 横画と左払い・右払いのセット
左払い・右払いのセットを長く

本 春

❺ 横画と曲がり・そり
曲がり・そりを長く

池 成

❻「口」「日」等の閉じた部分と、横画や右払い・左払いなどの解放部分
解放部分を長く

古 東

土 士 未 末

「土・士」「未・末」は長短によって区分される

画と画の間のポイント

できるだけ同じ広さに見えるように分割することを基本とする。

❼ 横画どうし、縦画どうし
等分割する

車 川

❽ 斜画や点等の間
等分割する

家 点 泳

授業のアイデア

◆文字の概形クイズ

漢字を読み上げて児童に書き取りをさせ、それぞれの文字がどの概形にあてはまるか考えさせる。点画の長短が文字の概形を決める一つの要素になっていることに気付かせる。漢字と図形を線で結ぶ方法もある。

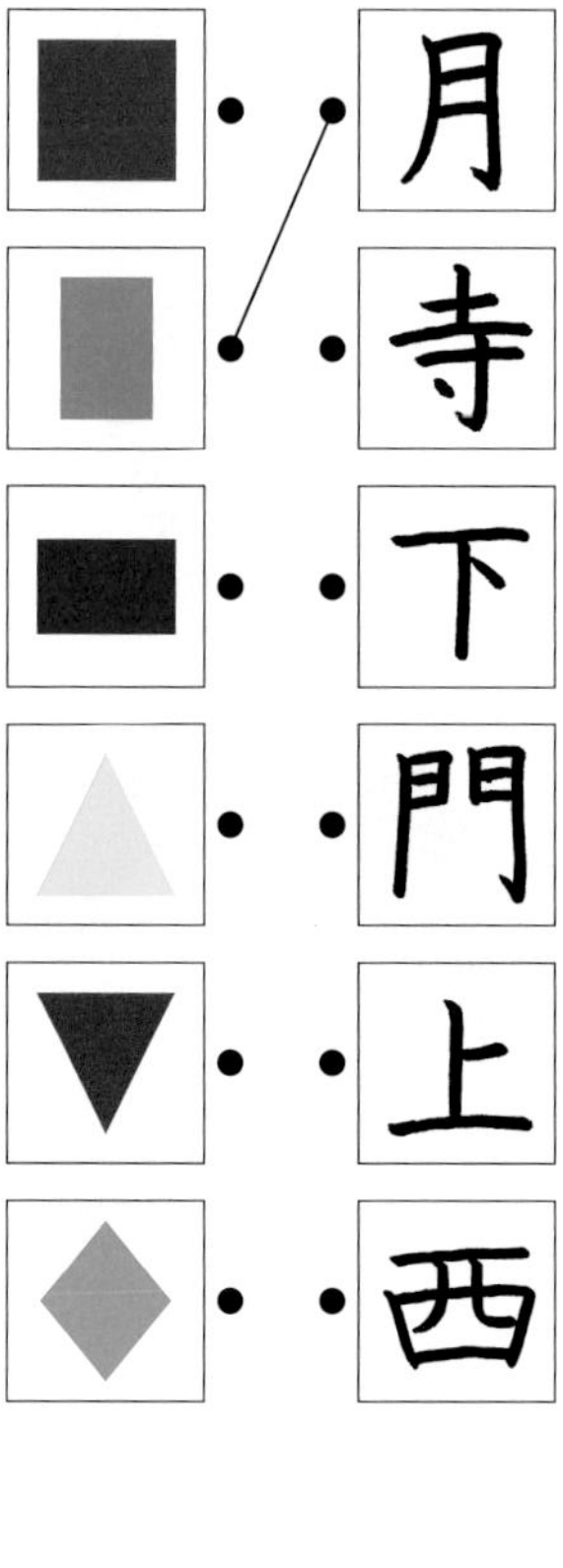

◆一画強調の漢字探し（画の長短）

横画が複数本ある学習漢字を探させ、どこを一画だけ長く書いたらよいか考えて書かせる。

【文字例】青　正　生　言　書　草　童　善　など

◆画と画の間について考える（画間）

点画の間が等しい文字と、等しくない文字を示し、画間がそろうと文字が整うことについて話し合わせる。

画の長短と画の間の他、方向、接し方、交わり方がそれぞれ関連し合って字形が整う。これらを相互に関連付けた指導を工夫したい。

点画の方向

●小学校学習指導要領　国語（書写）［第1学年及び第2学年］

●（ウ）点画相互の接し方や交わり方、長短や方向などに注意して、文字を正しく書くこと。

「点画の方向」とは、一字中の点画相互の方向の関係をいう。

下の丸数字は、左ページのポイントの丸数字に対応

大会　❺❹

自由　❽❼

活用　❽❻❸

夏冬　❿❾

時計　❽❼❷❶

開国　❼❻❷❶

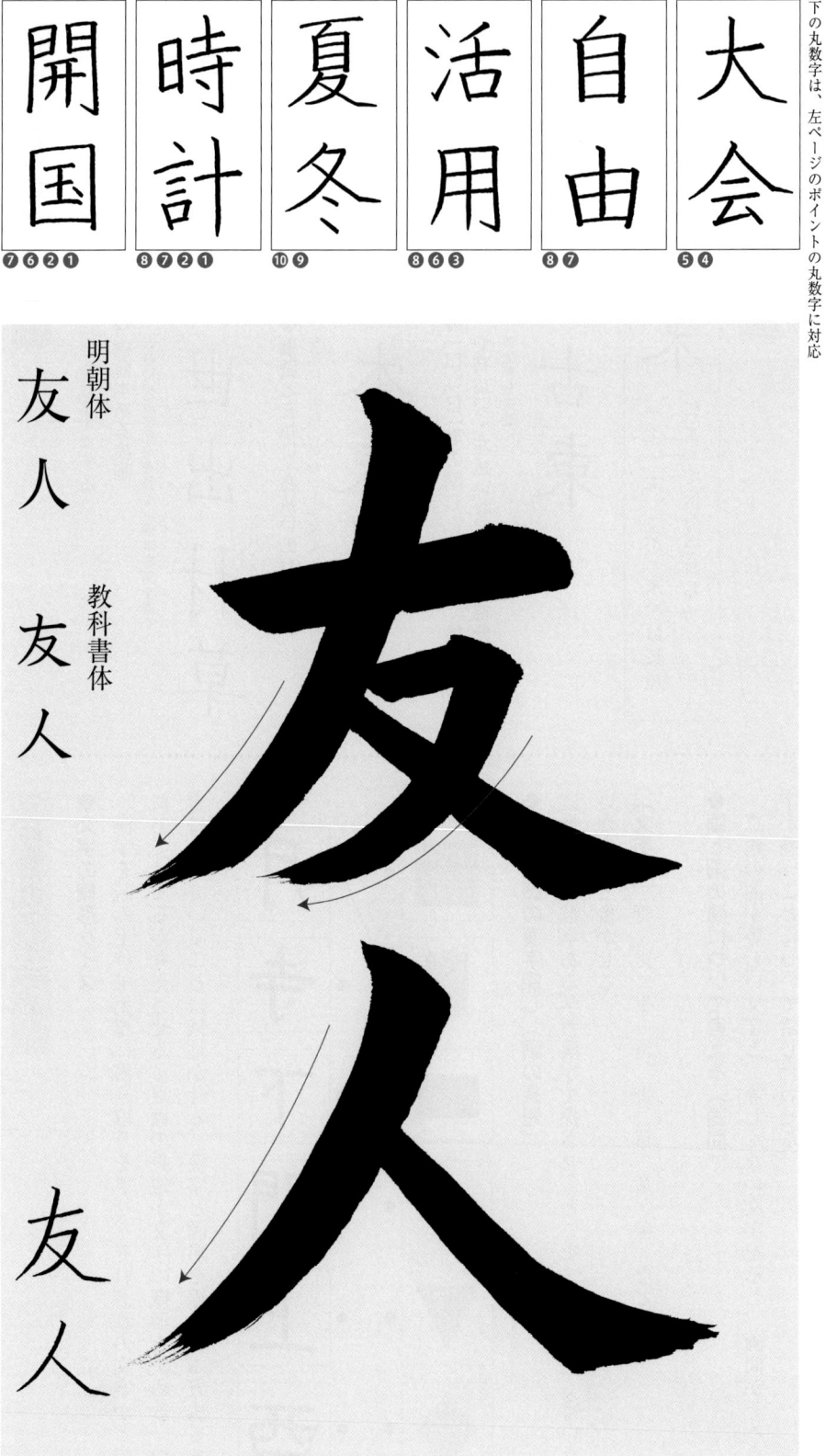

点画の方向のポイント

❶ **二本以上の横画**
平行に並べる
言　青

❷ **二本以上の縦画**
垂直・平行に並べる
門　則

❸ **横画の上にある左払い**
ほぼ横方向に払う
千　毛

❹ **右払いや横・縦画と接する左払い**
約四五度に払う
人　木

❺ **左右の払いのセットで横画に交わる左払い（下に部分形がない）**
交わるまでは垂直に、交わってから約四五度に払う
天　実

❻ **右側に縦画がある左払い**
終筆だけ少し左に払う
川　月

❼ **縦長の四角の縦画**
垂直・平行に並べる
目　貸

❽ **横長の四角の縦画**
下方がだんだん狭くなる
田　曲

❾ **縦に並んだ左払い**
だんだん間を広くする
行　形

❿ **横に並んだ左払い**
二つ目の左払いをよりそらせて、だんだん間を狭くする
友　愛

授業のアイデア

◆点画リレー

グループを作り、教師が口頭で伝える課題文字を一画ずつ交替で書かせる。書く前に、点画の方向で気を付けなければならないポイントを十分に話し合わせ、点画の方向を理解して書けるように支援する。黒板にチョークで書いたり、グループ同士の成果を評価し合ったりするのもよい。

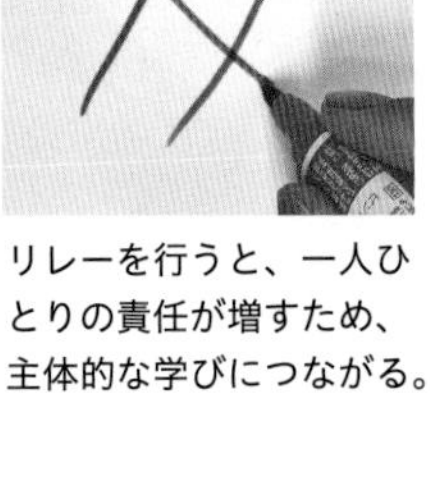

リレーを行うと、一人ひとりの責任が増すため、主体的な学びにつながる。

◆漢字分類

左払いのある漢字を教科書巻末の漢字表から見つけ、その方向の違いを確かめて分類させる。はじめに分類の観点を示し、それに従って見つけてもよい。なぜ方向の違いが生まれるのか（点画で囲まれた空間の大きさを等しくして、安定させるため）について話し合わせながら、点画の方向と字形の整え方の関係を理解させる。

【分類の例】

「千」…手・科・毛・活
「人」…会・休・森・本
「大」…犬・矢・天・火※
「川」…赤・角・形・近

※「火」は、一・二画目に横画同様の横方向への力が働いていると考え、一・二画目の間を通りすぎるまではまっすぐ下ろす。「秋」の旁《つくり》も同じである。

点画の接し方

●小学校学習指導要領 国語（書写）［第1学年及び第2学年］

●（ウ）点画相互の接し方や交わり方、長短や方向などに注意して、文字を正しく書くこと。

「点画の接し方」とは、点画と点画がどの位置で、どのような状態で接するかをいい、「つき方」や「接筆」ともよぶ。

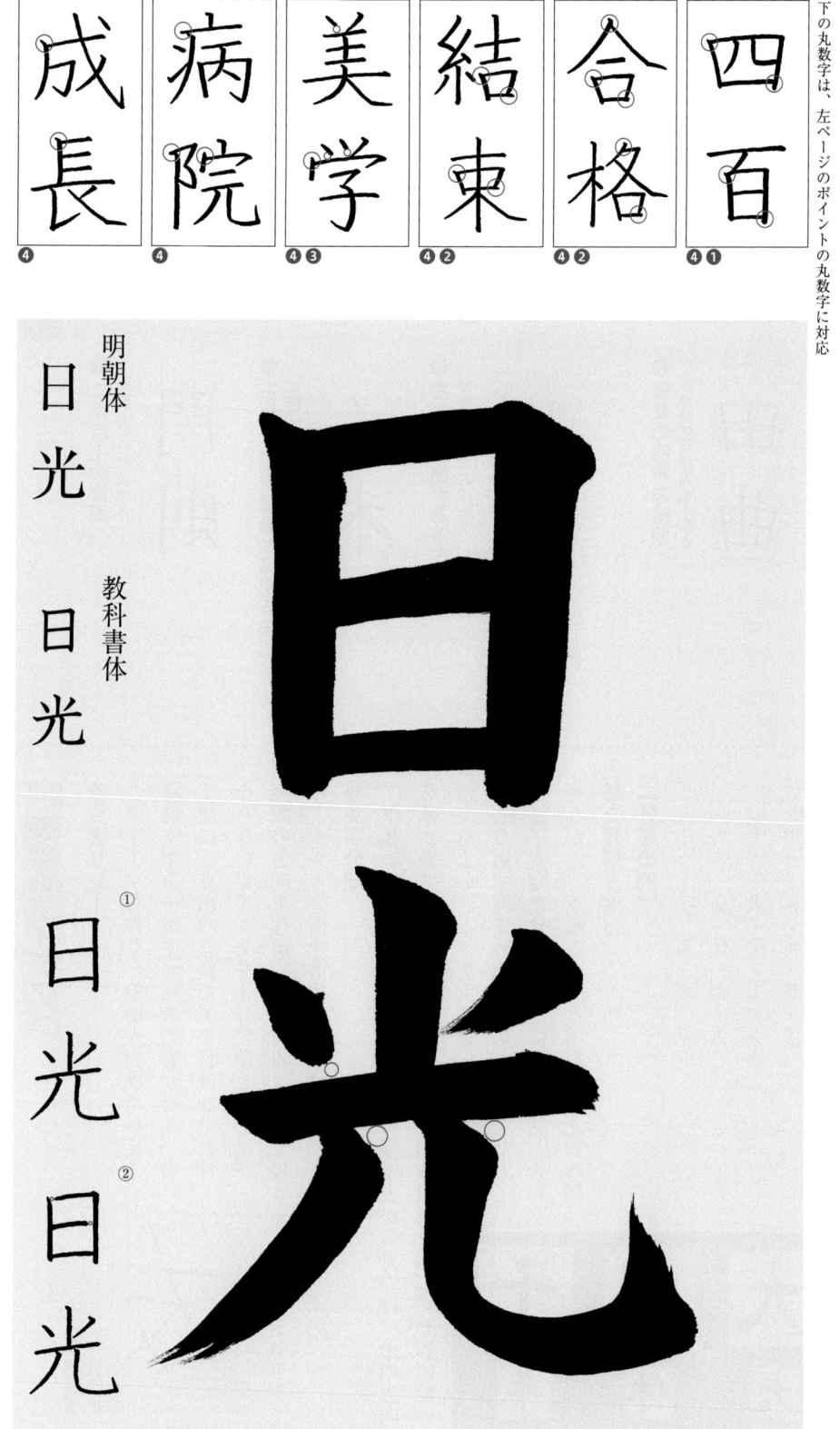

下の丸数字は、左ページのポイントの丸数字に対応

四百 ❹❶

合格 ❹❷

結束 ❹❷

美学 ❹❸

病院 ❹

成長 ❹

明朝体
日光

教科書体
日光

① 日光

② 日光

※点画をつける書き方（①）、点画をはなす書き方（②）

点画の接し方のポイント

❶ **四角形（日・田など）**
左下は縦画を下に出す。折れのあと、中の点画を書いてから閉じる場合は、縦画の終筆を下に出す。

日田西

行書例 日
行書の場合も縦画を下に出す。折れのあとも下に出す。

❷ **四角形（口）**
左下は縦画を下に出す。折れのあと、すぐに横画で閉じる場合は、横画の終筆を右に出す。

口中回
※内側と外側が異なる。

行書例 口
行書の場合も縦画を下に出す。折れのあとは右に出す。

❸ **斜めの点**
下の点画に接しない。

光前金

❹ **始筆どうしの接し方**
原則として、先に書いた始筆の先端を出す。これによって筆順が判断できる場合もある。

合圧成

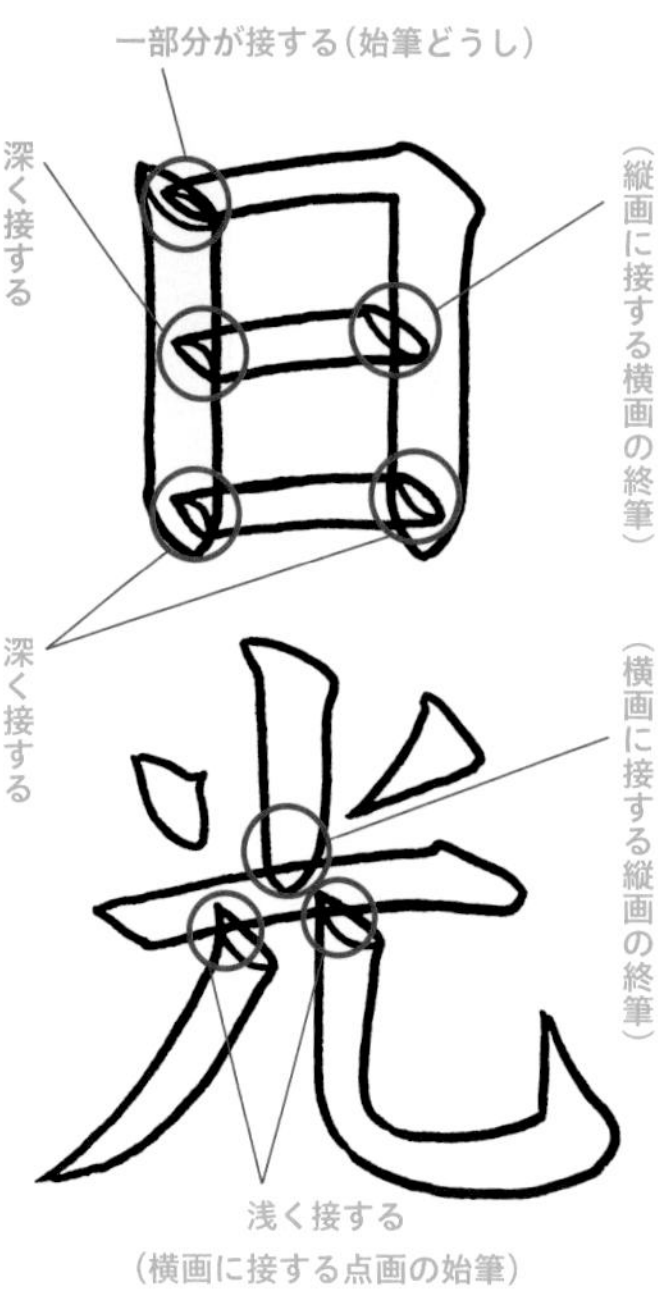
一部分が接する（始筆どうし）
浅く接する
（縦画に接する横画の終筆）
深く接する
（縦画に接する横画の始筆）
浅く接する
（横画に接する縦画の終筆）
深く接する
（閉鎖する形の下部分）
浅く接する
（横画に接する点画の始筆）

毛筆では、点画どうしを深く接しない場合がある。これにより余白を多くして、紙面を明るく見せる視覚上の表現効果を上げている。

授業のアイデア

◆**かご字で接し方確認**
教材の上に半紙をのせ、筆順に従って、一画ずつフェルトペンでかご字を書く（点画の輪郭をなぞる）。点画の接し方をわかりやすくする効果がある。

◆**漢字カードの分類**
四角形のある漢字について、右下の点画の接し方に注目し、漢字カードを二つに分類させる。筆順との関連を考えさせる。
カードを使用せず、教科書巻末の漢字表から四角形のある漢字を探させ、分類して書き出す方法もある。

◆**点画パーツ（53ページ参照）**
透明なOHPシートに油性マジックで色を塗るなどして点画パーツを作り、点画の接し方やその深さの違いをOHC（書画カメラ）で示す。点画と点画の重ね方を理解させる（下の写真は、五画目の始筆の接し方が深すぎる悪い例）。

◆**点画リレー（49ページ参照）**
点画の接し方をグループで話し合わせながら、点画リレーによって課題文字を書かせる。例えば、「日」を書く場合、三画目を半分より上に書かないと縦画の終筆を出せない。見通しを持って書くことの大切さに気付かせたい。

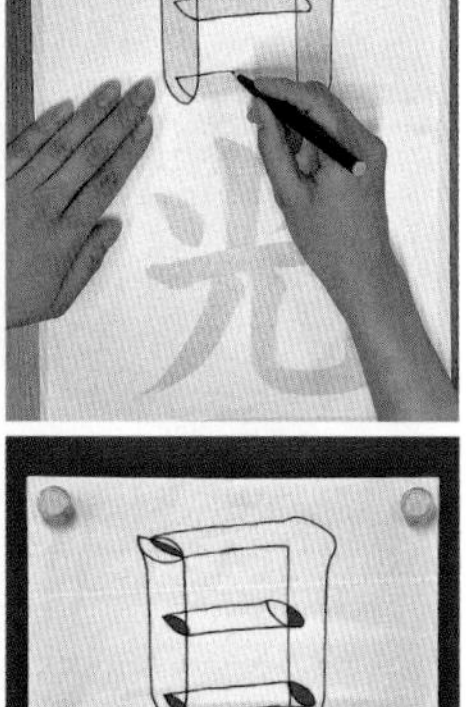

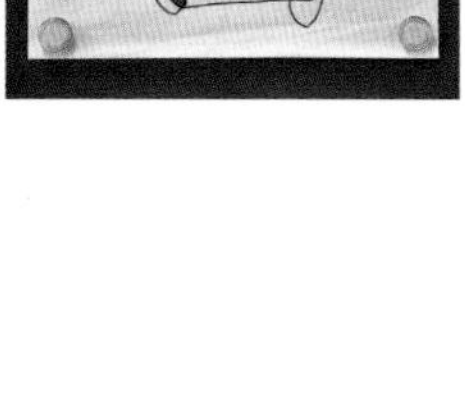

国
西
田
神
夏
声
早
画
号
戸
悪
台
和
虫
中
口

点画の交わり方

●小学校学習指導要領　国語（書写）［第1学年及び第2学年］

●（ウ）点画相互の接し方や交わり方、長短や方向などに注意して、文字を正しく書くこと。

「**点画の交わり方**」とは、点画と点画がどのような角度と位置で交わるかをいう。

下の丸数字は、左ページのポイントの丸数字に対応

太古	❷❶	
天才	❸❷	
収支	❽❹	
代役	❽❺	
地球	❼	
職業	❻❺	

文武

教科書体
文武

明朝体
文武

点画の交わり方のポイント

❶ **横画と縦画**
縦画は横画をほぼ二等分する
十　本

❷ **横画と左払い**
左払いは横画をほぼ二等分する
大　央

❸ **縦画と左払い**
約四五度で交わる
才　材

❹ **左払いと右払い**
ほぼ中心線上で交わる
文　父

❺ **横画とそり**
横画は右上がりを強め、そりと直角に近い角度で交わる
武　式

❻ **そりと左払い**
横画・そり・左払いは約三等分で交わる
我　戦

❼ **交わる位置の変化（偏）**
単独の文字が偏に位置した場合、交わる位置が右寄りになる
木→林
土→坂

❽ **交わる位置の変化（旁《つくり》）**
単独の文字が旁に位置した場合、交わる位置が左寄りになる
又→収
攵→牧

交わらないと誤字になる例
○才　×才　○使　×使

接するか交わるかで別の字になる例
工　土　天　夫

授業のアイデア

◆**骨書きの練習用紙の活用**

教材の点画を書き写して、文字の「骨書き」（詳細は左）を作る。点画の交わり方のポイント（位置・角度など）を確かめ、骨書きの上から筆で書かせて練習する（このとき、下の教材は外す）。

Column

⑴骨書きの作り方と使用目的

【作り方】①教材の上に半紙をのせる。②始筆や終筆の部分に、穂先の向きがわかるマークを入れる。③フェルトペンで、教材文字の点画の幅の中央を通るように書く。④穂先の動きを点線で書く。

＊授業のねらいに応じて、②や②の始筆マークのみ、または③のみで作ってもよい。

【使用目的】骨書きは字形の骨格を表すため、点画の位置を確認しながら、授業のねらいに応じた練習ができる。

⑵点画パーツの作り方と使用目的

【作り方】①教材の下に複写用紙を敷き、その下に工作用紙を置く。②教材文字の輪郭を一画ずつ鉛筆でなぞる。③一画書くたびに工作用紙をずらす。④全ての画を書いたら、はさみで切る。マグネットシートを使うと、黒板にそのまま貼ることができる。

【使用目的】点画パーツは太さがあるため、点画の位置や接し方などを理解するのに適している。

赤色の工作用紙と白色の複写用紙を使った例

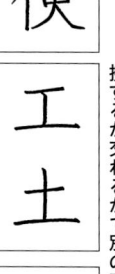

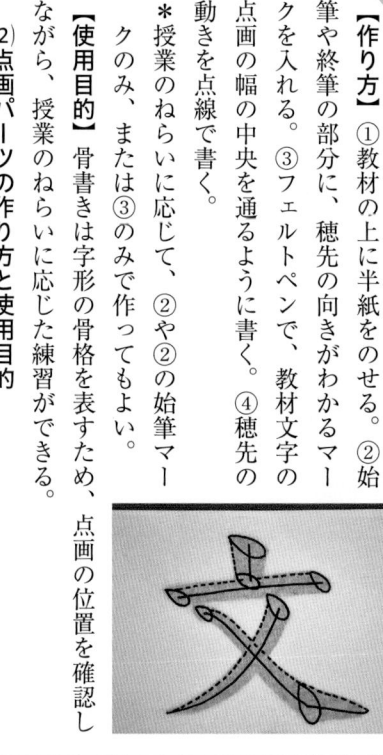

「左右」から成る文字の組立て方

木材　土地　言語　心情　料理　旅行

●小学校学習指導要領　国語（書写）［第3学年及び第4学年］

「文字の組立て方」とは、漢字の部首や部分相互の組立て方をいう。「左右」の組立てから成る文字は、多くは「偏」や「旁《つくり》」などを部首とし、文字の部分は縦長に変化する。また、点画の形が部分的に異なることもある。

●（ア）文字の組立て方を理解し、形を整えて書くこと。

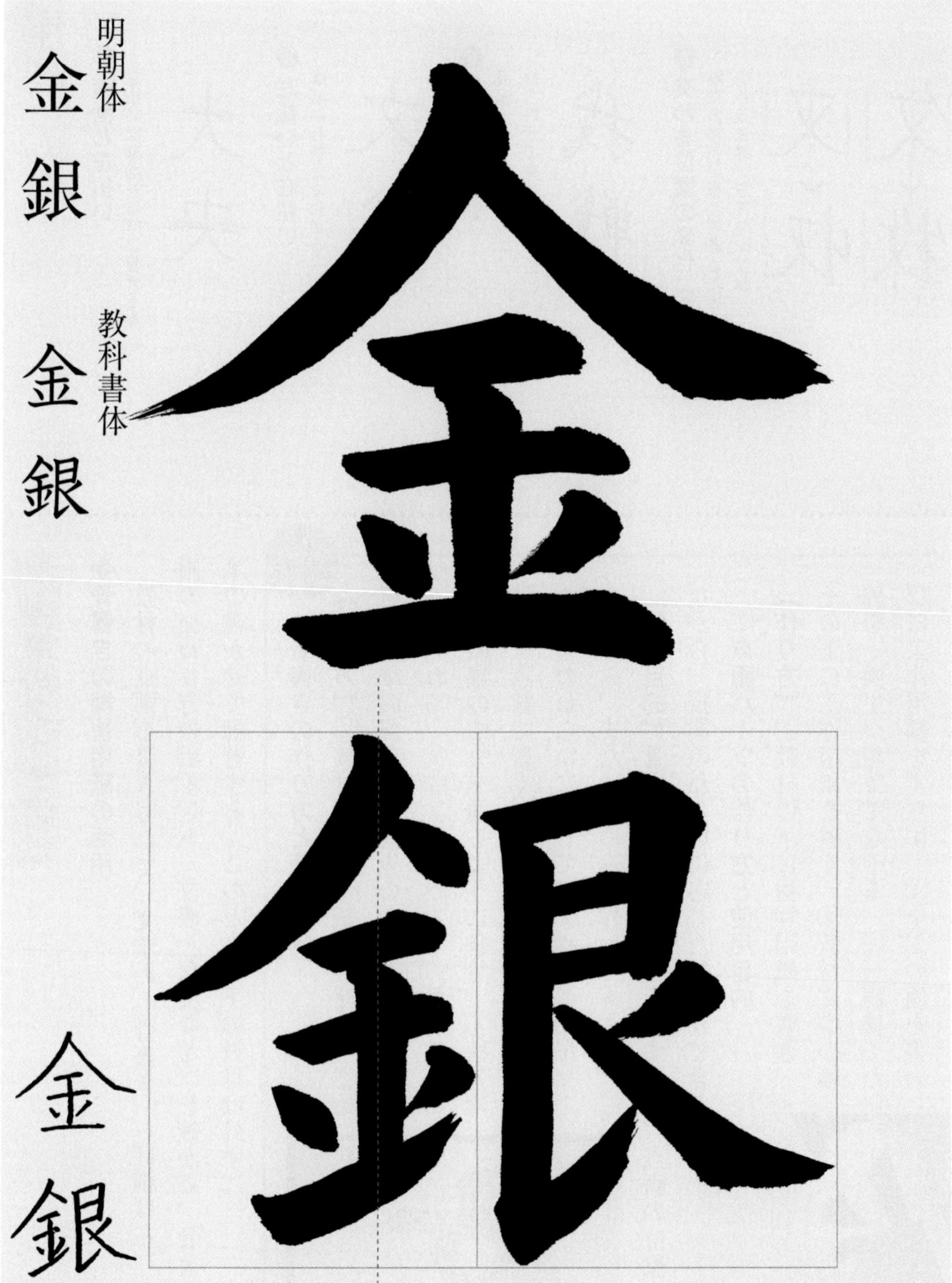

左右の組立て方のポイント

二つまたは三つの漢字（単体文字）や部分が組み合わさり、一つになった漢字を複合文字という。左右に二つ以上の漢字が組み合わさった漢字は、学年別配当漢字の半数程度に当たる。

複合文字の指導では、個々の字形の変化と整え方を重要なポイントとしておさえ、他の漢字学習にも応用していきたい。

❶ 左右の部分（偏と旁）の整え方

①それぞれの文字の幅を狭くし、縦長の字形にする。

②偏の右端をそろえる。右払いは点、最終画の横画は右上払いにする。

③偏の中心を文字の中心寄り（右寄り）にし、横画の右上がりの程度を強める。

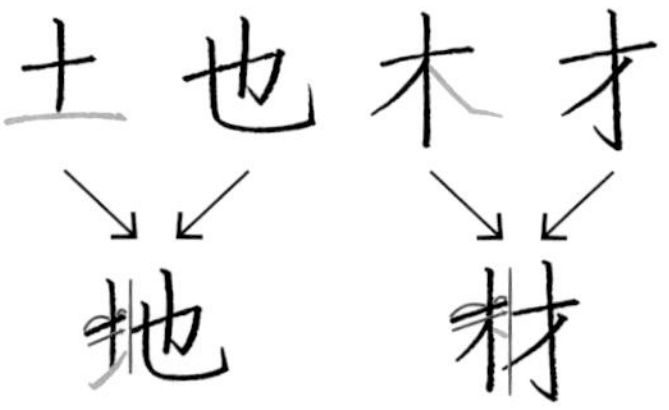

❷ 左右の部分（偏と旁）の幅と高さ（42・43ページ参照）

①それぞれの幅は、もとの形や画数にほぼ準じる。

②高低関係は、上部では横方向の画の上に空間をとり、下部では横方向の画の下に空間をとる。

❸ 三つの漢字から成る左右の複合文字

二つの漢字から成る複合文字よりさらに幅を狭め、字形を細長くする。左の部分だけでなく、真ん中の部分の最終画の横画も右上払いにする。

授業のアイデア

◆点画パーツの活用

点画パーツで偏と旁の整え方の理解を深める。複合文字における「字形の変化」や「変化の理由」を理解させ、他の漢字学習へ一般化させる。

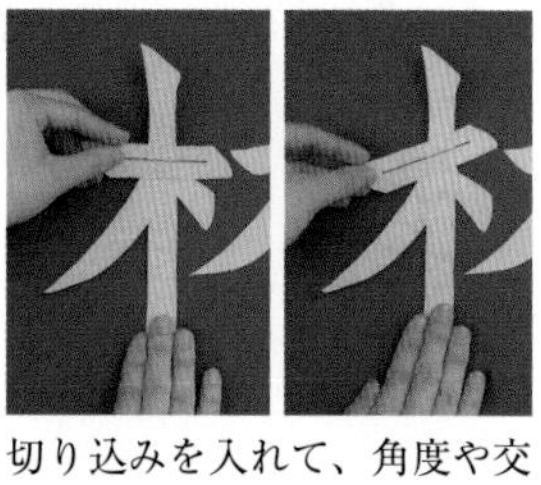

切り込みを入れて、角度や交わる位置を考えさせる教材。

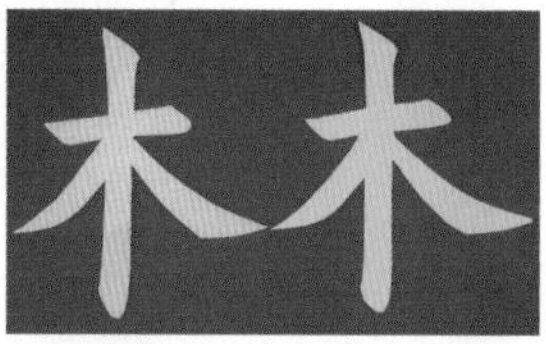

林は木が横に二つ並ぶ文字。字幅を狭く、縦長にしただけでは一文字に見えない。

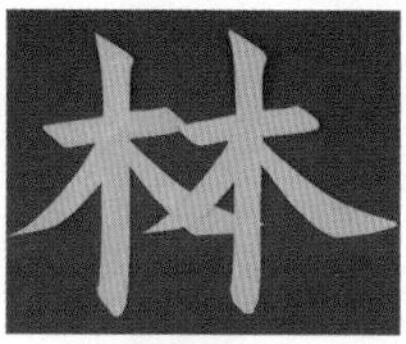

二つを近づけると、ぶつかる。

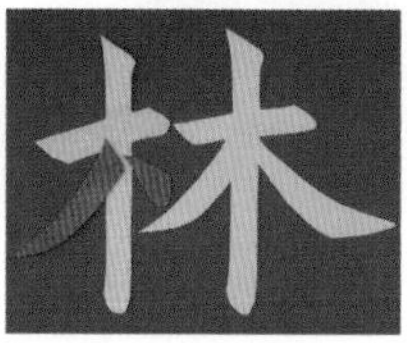

右払いを点にすると、ぶつからない。

◆組み合わせパターンの分類

漢字カードや教科書巻末の漢字表などを用いて、これまで学んだ左右から成る文字の組み合わせパターンを分類させる。偏と旁の幅や位置についての理解を深め、定着を図る。

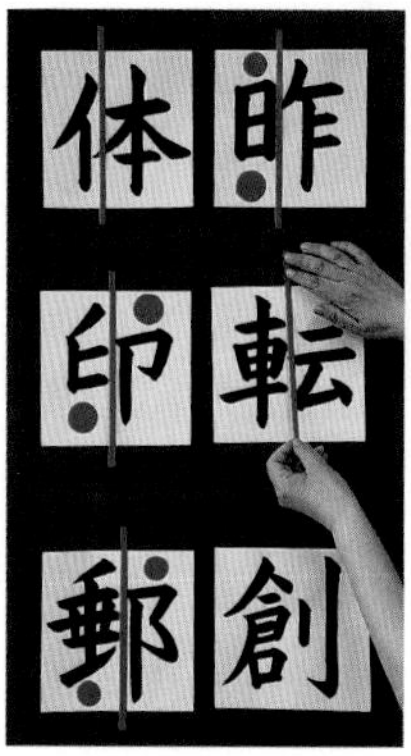

○一部分が変化する偏・旁と全体が変化する偏・旁の例

一部分が変化				全体が変化	
木→木	土→土	牛→牛	手→扌	心→忄
米→米	王→王	人→亻	示→ネ	肉→月
火→火	女→女	足→⻊	衣→衤	犬→犭
矢→矢	金→金	食→食	水→氵	刀→刂

「上下」から成る文字の組立て方

●小学校学習指導要領　国語（書写）［第3学年及び第4学年］
●（ア）文字の組立て方を理解し、形を整えて書くこと。

「文字の組立て方」とは、漢字の部首や部分相互の組立て方をいう。「上下」の組立てから成る文字は、多くは「冠」や「脚」などを部首とし、文字の部分は扁平な形に変化する。また、点画の形が部分的に異なることもある。

雨雲　草原　安全　希望　発案　意義

明朝体
竹笛

教科書体
竹笛

竹笛

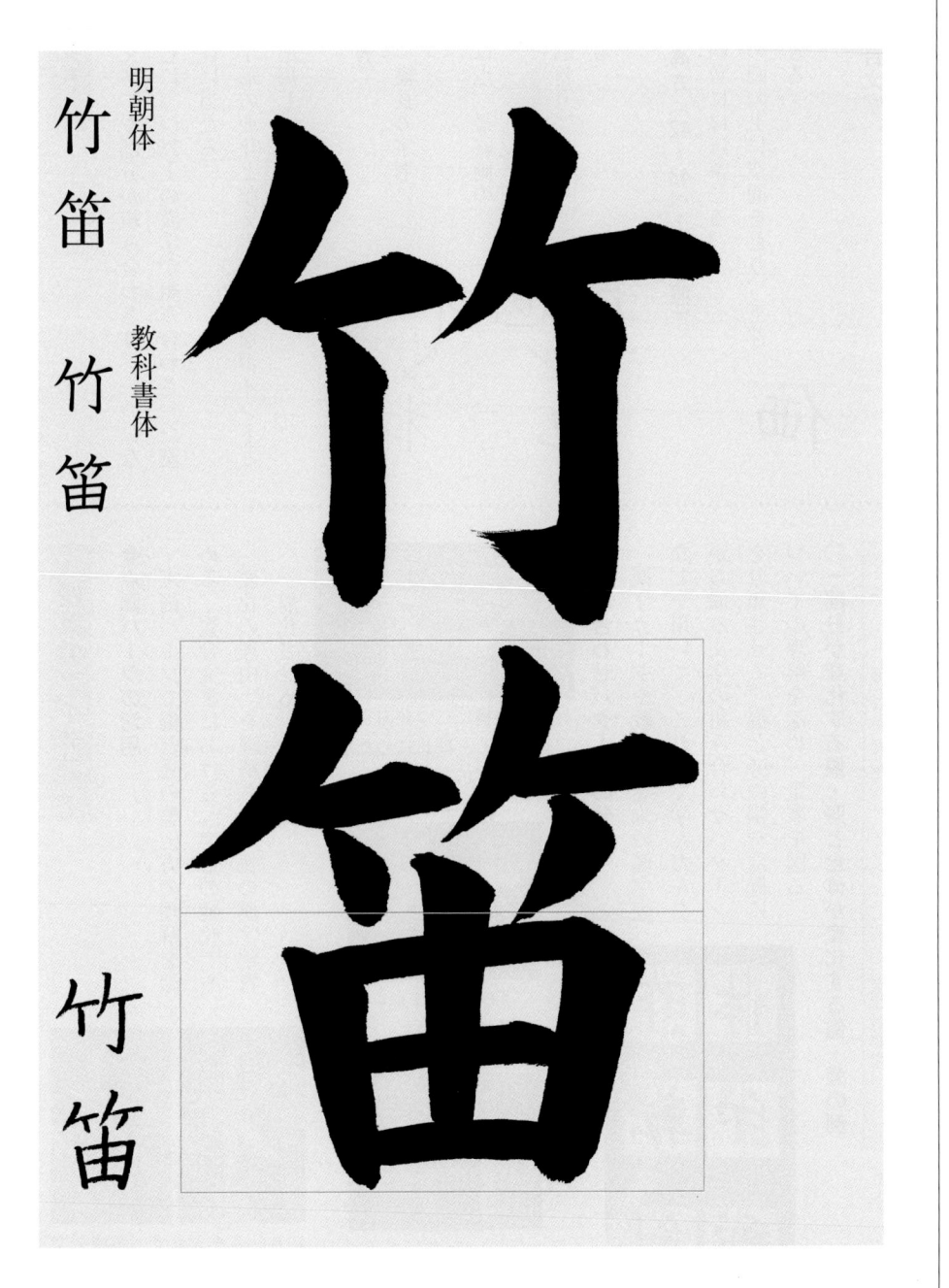

上下の組立て方のポイント

上下から成る漢字は、学年別配当漢字の四分の一程度に当たる。

指導では、左右から成る漢字同様、個々の漢字の字形の変化と整え方のポイントをおさえ、他の漢字学習へと応用していきたい。

❶ **上下の部分（冠と脚）の整え方**

①それぞれの文字の高さを狭めて、横長の字形にする。字幅は変えずに、次のような方法により、字形を横長に変化させる。

a 高さを切りつめる

b 横画の間隔を狭くする

c 左右の払いの角度をさらに開く

（「雨冠」「竹冠」は、多くの点画の形が変化するため注意する。）

②上下の中心を垂直線上にそろえる。

❷ **上下の部分（冠と脚）の高さの割合（42・43ページ参照）**

上下の部分の高さは、一対二あるいは二対一の比率になる場合が多い。一画（一対）を強調して、字形の安定を図ることがある。

❸ **右払いが重なる場合の変化**

文字が組み合わさるとき、もとのそれぞれの漢字に右払いがある場合は、一方を「止め」にして、字形の安定を図ることもある（25ページ「(4)手書きの字形の多様さ」参照）。なお、「奏」は、教科書体が「止め」の字形になっている。

教科書体

授業のアイデア

◆**字形の変化についての話し合い**

単体文字として書いた二文字（例えば「雨」「云」）を縦に並べて示し、複合文字（「雲」）にするにはどのような字形の変化が必要か話し合う。

正しい字形の複合文字（「雲」）と比較をして話し合うのもよい。

◆**透明シートで変化を可視化**

透明のシート（ＯＨＰシート）に正しい字形の部首をコピー機で転写し、部首のもととなる単体文字と重ねて示す。より変化がわかりやすくなる効果がある。

ポイントは、上下から成る漢字の各部分について具体的な変化を挙げ、上下でスペースをゆずり合っていることを理解させることである。そして、ゆずり合うために字形がどのように変化しているか（横長へ変化）という観点で考えさせる。他の複合文字へも理解を広げたい。

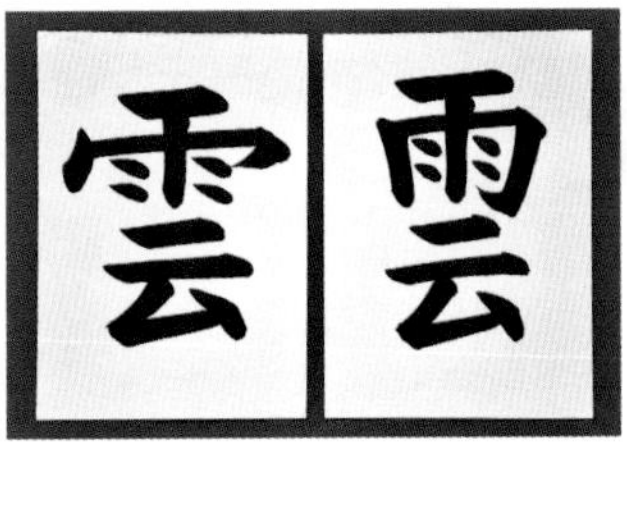

○**一部分が変化する冠・脚と全体が変化する冠・脚の例**

一部分が変化		全体が変化
雨→⻗	穴→穴	火→灬
竹→⺮	水→氺	肉→月
人→𠆢		

※単独形と部分形で大きく形が違うのは、上図のほかに、「水」の変化した「したみず」や、「心」の変化した「したごころ」がある。

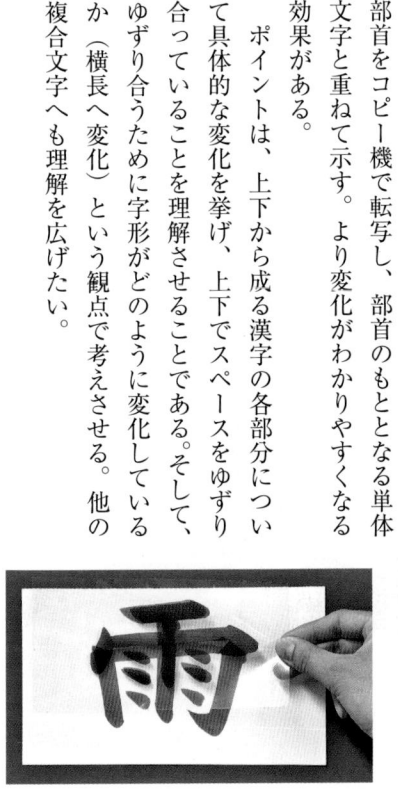

「内外」から成る文字の組立て方

●小学校学習指導要領　国語（書写）〔第3学年及び第4学年〕

●（ア）文字の組立て方を理解し、形を整えて書くこと。

「文字の組立て方」とは、漢字の部首や部分相互の組立て方をいう。「内外」の組立てから成る文字は「かまえ」「たれ」「にょう」の三つに分かれ、特に筆順に注意する必要がある。

下の丸数字は、左ページのポイントの丸数字に対応

気圧	近辺	図画	区間	原因	庭園
❷❶	❸	❶	❶	❷❶	❸❷❶

明朝体
進展

教科書体
進展

進展

内外の組立て方のポイント

内外から成る漢字は一割にも満たず、非常に少ないが、字形を整えにくい文字が多く、指導には注意が必要である。おおよそ「かまえ」「たれ」「にょう」に大別され、次の部首がある。

「かまえ」…気がまえ、包みがまえ、行がまえ、門がまえ、うけばこ、かくしがまえ、国がまえ、風がまえ

「たれ」　…がんだれ、まだれ、しかばね

「にょう」…しんにょう、えんにょう、そうにょう

❶「かまえ」のポイント

・かまえの中の部分の大きさと位置に注意する（a）。

・「うけばこ」の縦画は下方をすぼめる（b）。

・「かくしがまえ」の横画は下方の横画を少し長く書く（c）。

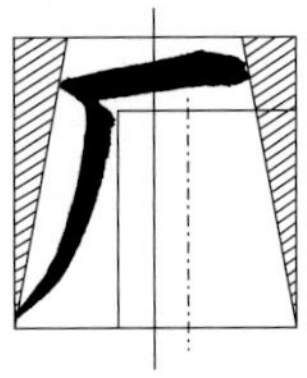

❷「たれ」のポイント

・概形が台形となることを意識して、横画を長く書かない（左右の上部に余白を作るように）。

・たれの内部は文字の中心よりやや右へずらして書く。

❸「にょう」のポイント

・上に乗る部分は、にょうの右払いの払い出しの位置より右横に広がらないように見定めて書く。「しんにょう」の払い出しの位置は、上部の点画の最も右端の終筆となる。

・「そうにょう」の左部分は、偏の縦画と同じ要領で、中心が右へ寄るように、画の長さと方向に注意しながら書く。

・にょうの書き出しの位置（高低）は、上に乗る部分の字形により変わる。

授業のアイデア

◆内外をペアで完成

二人組を作り、内外から成る漢字の「外の部分」のみを一人が書き、書いたものをもう一人に渡す。書かれた「外の部分」に合わせて「内の部分」を書き加えて、文字を完成させる（筆順によっては、「内の部分」が先になる）。お互いが、部分の形や組み合わせる位置に注意しないと、整った文字にならないことに気付かせたい。

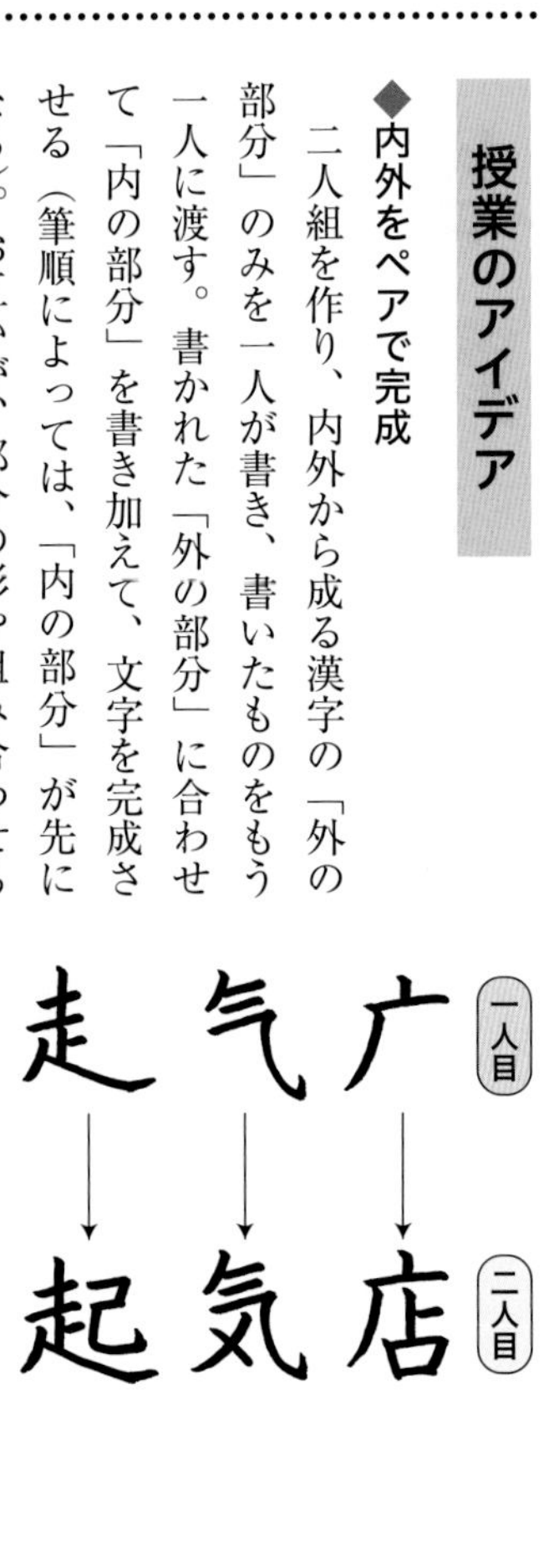

教師が、事前に「外の部分」を書いたプリントを作成しておき、そこに書かせてもよい。

◆漢字しりとり

グループ単位で、左右、上下、内外から成る漢字を使った熟語の「しりとり」を行う。十字のリード罫の入った大きめのマス目に、フェルトペンで順番に書いていく。

【例】 部屋→屋根→根気→気流→流星→星座→座席

書き終わったら、既習の内容（各部分の組立て方は適切か、大きさはよいか、点画の長さや方向・形は変化しているかなど）の視点で、書いた文字を検討し合う。

整った文字の見本としては、教科書巻末の漢字表を使うとよい。また、既習の内容については、教科書のまとめのページを参照するとよい。

◆「しんにょう」の練習用紙活用

下のような用紙を使用して練習させる。情報量を徐々に減らし、思考・判断して書く要素を増やしている。

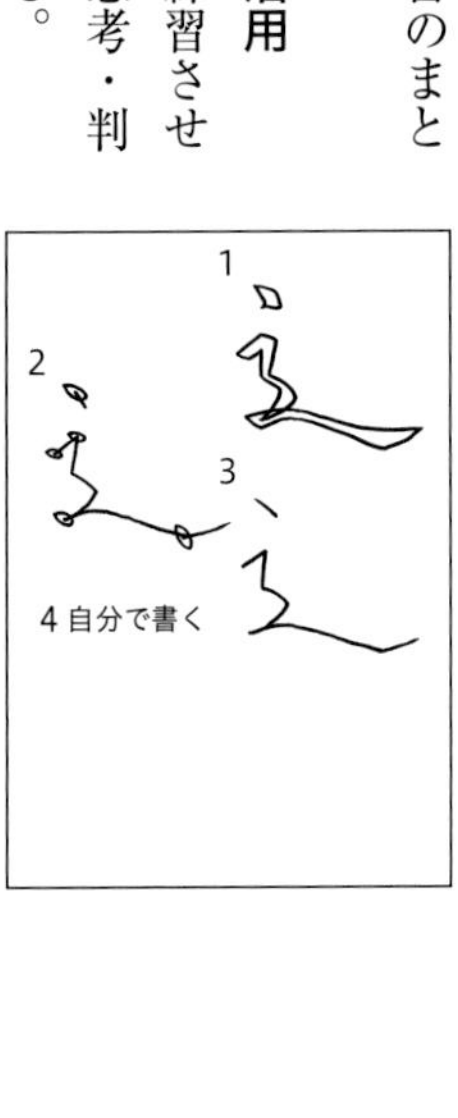

文字の大きさと配列① 楷書／点画のつながり

日本　天空　白鳥　主張　祈り　飛ぶ

❶小学校学習指導要領　国語（書写）〔第3学年及び第4学年〕
❷小学校学習指導要領　国語（書写）〔第5学年及び第6学年〕
❸中学校学習指導要領　国語（書写）〔第1学年〕
❹小学校学習指導要領　国語（書写）〔第5学年及び第6学年〕

「文字の大きさと配列」とは、相対的な文字の大小をつけ、行の中心をそろえて、紙面に対し調和よく書くことである。❶（イ）漢字や仮名の大きさ、配列に注意して書くこと。❷（ア）用紙全体との関係に注意して、文字の大きさや配列などを決めるとともに、書く速さを意識して書くこと。❸（ア）字形を整え、文字の大きさ、配列などについて理解（後略）。

「点画のつながり」とは、点画相互、文字相互を書き進めるうえでの空筆部の（空中での）つながりをいう。

❹（イ）毛筆を使用して、穂先の動きと点画のつながりを意識して書くこと。

文字の大きさと配列、点画のつながりのポイント

「文字の大きさ」とは、漢字と漢字、漢字と仮名、仮名と仮名における両者のつり合いから生じる相対的な文字の大小のことである。

「配列」とは、紙面に対してほどよい大きさの文字で、行の中心をそろえ、字間や行間を整えて、文章全体を調和よく書くことである。

❶ **文字の大きさのポイント**

①漢字は大きめに、仮名は小さめに書く。

②漢字の中にも大きめに書くものと小さめに書くものがある。

大きめ＝画数の多い漢字や、左右の払いがある漢字。（大・友・発）

小さめ＝画数の少ない漢字や、囲む形の漢字。（日・白）

③平仮名では「こ・と・の」を小さめに書く。

なお、罫に対する文字の大きさは、罫の幅「5」に対して、漢字を「4」、仮名を「3」くらいにするとよい。

❷ **配列のポイント（毛筆）**

①文字を読みやすくするために、紙面の上下や左右をほどよくあける。

②縦書きの場合、文字の幅の中心を垂直線上に通して書く。

③半紙二行に四〜六文字をおさめる場合、漢字・仮名を問わず、横相互の文字の中心をそろえる。

④行間は、字間よりも広くすると読みやすい。

行頭・行末の高さをそろえ、行間を等しくする書き方を「行書き」という（A）。一方、格言や短歌・俳句などを書く場合、意図的に行頭や行の長さを不ぞろいにしたり、字間や行間に広狭をつけたりして変化をつけ、余白や全体の調和を図る書き方を「散らし書き」という（C）。

❸ **配列のポイント（硬筆）**

硬筆を用いた場合の配列は、毛筆の場合とほぼ同じである。

A

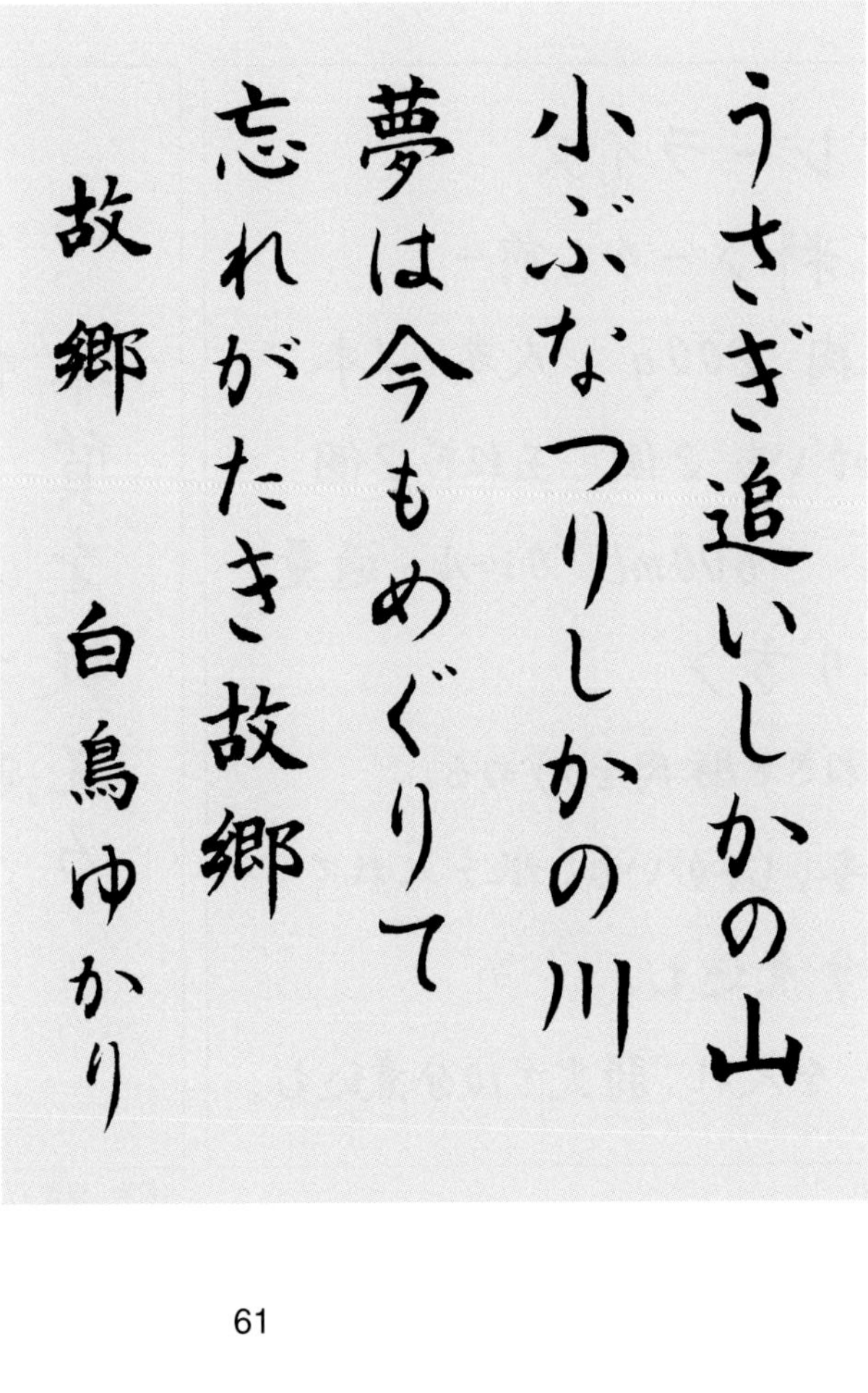
うさぎ追いしかの山
小ぶなつりしかの川
夢は今もめぐりて
忘れがたき故郷
故郷　白鳥ゆかり

B

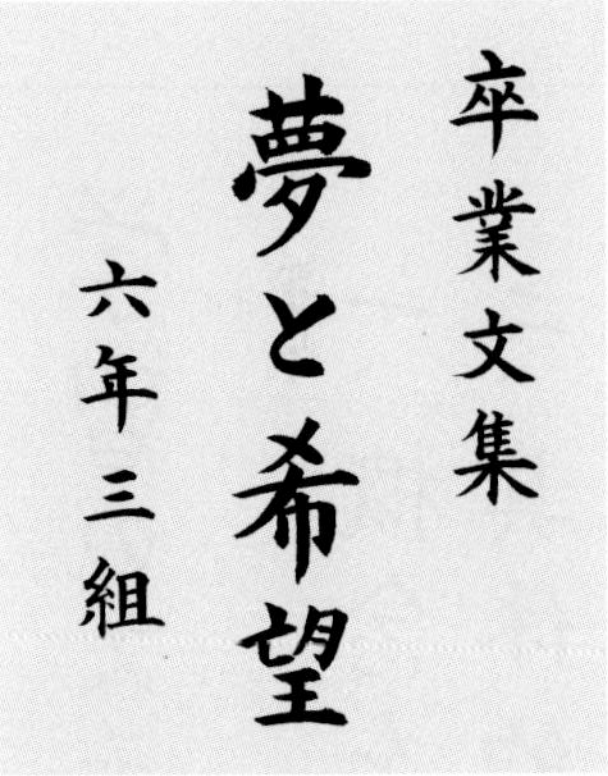
卒業文集
夢と希望
六年三組

C

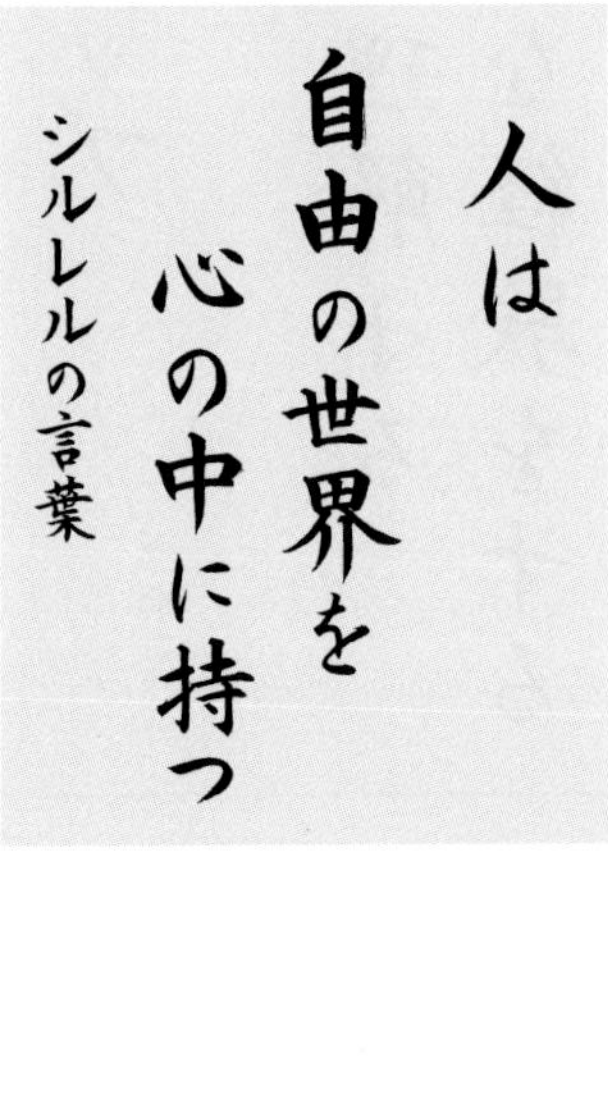
人は
自由の世界を
心の中に持つ
シルレルの言葉

ア　縦書き

一画目の始筆の位置は、文字や行の中心の基準となる。位置をよく確かめて書く。二文字目以降は、前の文字の中心を確認しながら書く。

友情は喜びを二倍にし、
悲しみを半分にする。

（シラーの言葉）

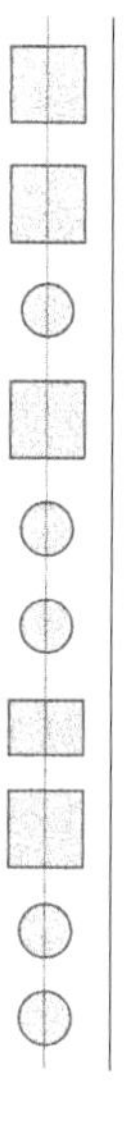

イ　横書き

罫線と罫線の中心上に、文字の高さの中心を合わせて書く。下の罫線に文字の下端を近づける書き方もある。縦書き用に発達した漢字は、字幅の中心を捉えやすい文字は多いが、高さの中心を捉えやすい文字は少ないので注意して書く。

横書きでは、点（、）をカンマ（，）にすることがある。数字や記号の書き方が、縦書きと異なる場合があるので注意する。

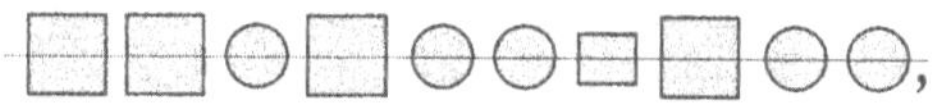

友情は喜びを二倍にし，
悲しみを半分にする。

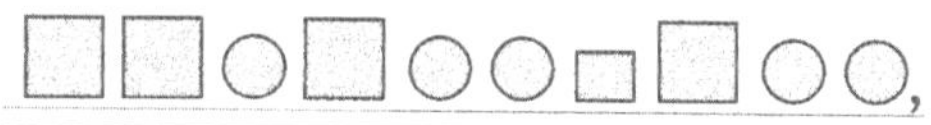

友情は喜びを二倍にし，
悲しみを半分にする。

❹ 点画のつながりのポイント

字形を整えて効率よく書き進めるためには、筆記具の先が紙面に接していない部分（空筆部）でも、合理的に筆記具を動かす必要がある。点画から点画、文字から文字へと、一体化して無理なくつなぐように書く。

文字の大きさと配列の教材例

学習のステップ
一、概念を理解する
二、具体的な経験をする
三、体系を把握する
四、本質を捉える

（鉛筆　縦書き）

カレーライス
〈材料〉－4人前－
豚肉　200g　人参　1本
じゃがいも　2個　玉ねぎ　2個
水　600mL　カレールー　適量
〈作り方〉
1. 玉ねぎと豚肉を炒める。
2. 人参，じゃがいも，水を入れて
15分煮込む。
3. ルーを入れ，弱火で10分煮込む。

（鉛筆　横書き）

授業のアイデア

◆硬筆の配列練習

日常生活で書く文章は、漢字仮名交じり文である。高学年になると、平仮名の字形の乱れが起こり、それが文章全体の整斉さを欠く原因になる場合も多い。

「概形（外形）レイアウト」という考え方は、字形と文字の大きさ、中心を同時に確認できるので、「手紙を書く」「短冊に俳句や和歌を書く」「ポスターや壁新聞を作る」等の活動に生かすとよい。

【児童の学習活動】

①聞き取って、全て平仮名で書く。

②平仮名の外形と大きさを確かめる。

③全ての平仮名を点線の位置から書き始める。

④中心線を意識して、外形レイアウトをする。

⑤外形レイアウトをもとに、外形、大きさ、中心を意識して書く。

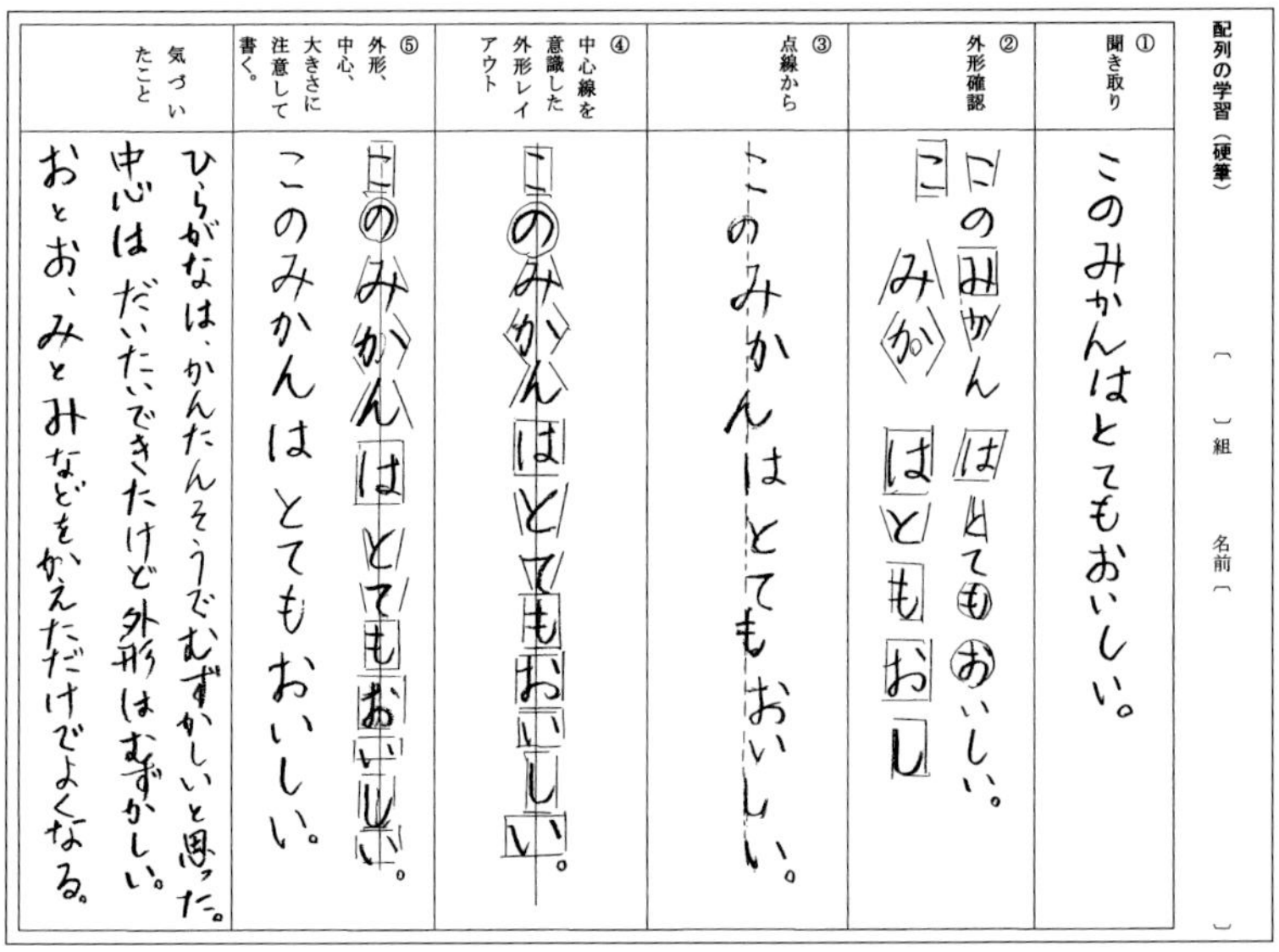

配列の学習（硬筆）　（　　）組　名前（　　　　）

①聞き取り	このみかんはとてもおいしい。
②外形確認	このみかんはとてもおいしい。
③点線から	このみかんはとてもおいしい。
④中心線を意識した外形レイアウト	このみかんはとてもおいしい。
⑤外形、中心、大きさに注意して書く。	このみかんはとてもおいしい。
気づいたこと	ひらがなは、かんたんそうでむずかしいと思った。中心はだいたいできたけど外形はむずかしい。おとお、みとみなどをかえただけでよくなる。

◆ポスターの制作

ポスターの制作活動を通して、聞き取りメモを取ったり、目的意識・相手意識をもって伝達内容を整理したりして、書きまとめる書写力を身に付けさせる。

①内容を依頼文の形で口頭で伝え、メモを取らせる。

②どんなポスターがわかりやすいか話し合わせて、ポスターを書かせる（ポスター例：26ページ）。

Column

板書

板書は、文字列の幅を一定にし、字間よりも行間を空け、行の中心を通すようにして書くと読みやすい。

○

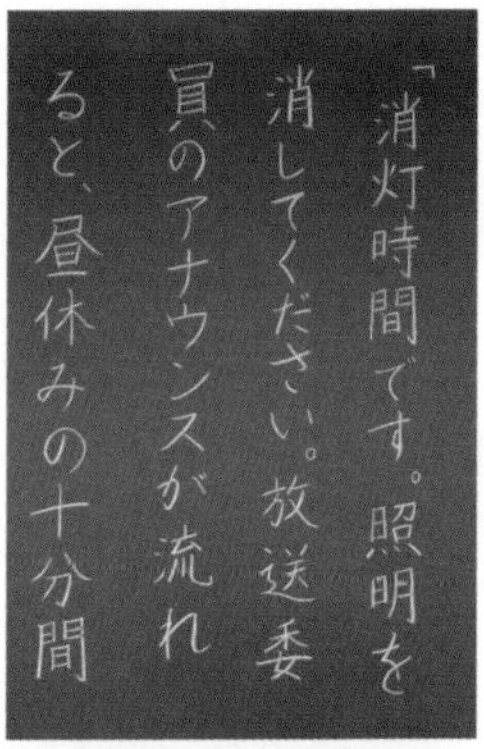
「消灯時間です。照明を
消してください。放送委
員のアナウンスが流れ
ると、昼休みの十分間

△

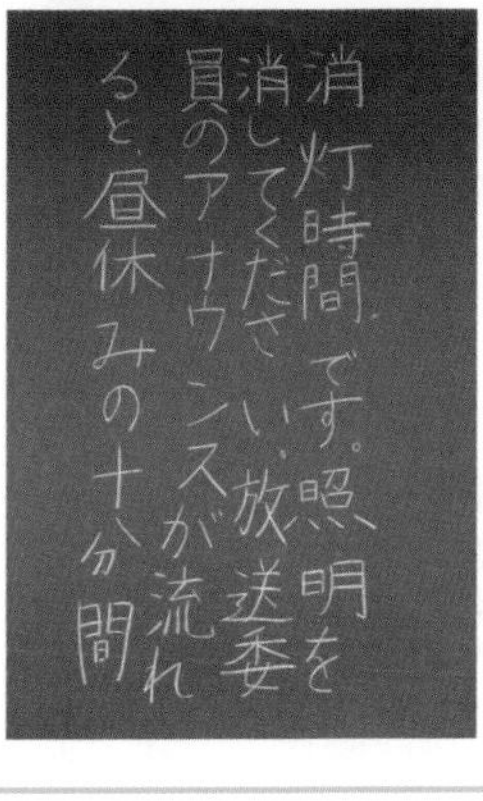
消灯時間です。照明を
消してください。放送委
員のアナウンスが流れ
ると昼休みの十分間

Column

書く速さ

文字を書く状況によって、書く速さを意識することが大切である。聞き取りメモや、板書をノートに書き写すときなど、時間が限定されている場面では、ある程度の書く速さが求められる。しかし、書類の記名や記入、目上の人へ手紙を書く場面などでは、ゆっくり丁寧に書くことが多い。

普段から、書きやすい字形や運筆に習熟しておく必要がある。

8　行書

(1) 行書指導の基本的な考え方

行書は中学校の学習内容である。中学校では、学習活動や社会生活における言語活動に対応するため、速く書く書写力が求められる。そのため、楷書よりも速く書くことのできる行書を学習する。

行書は、書体の変遷（94・95ページ参照）上、楷書を崩して行書ができ、行書をさらに崩して草書ができたという誤解を生みやすい。実際には、この三つの書体は、ともに隷書を母体としている（一部の草書は篆《てん》書《しょ》から）。そして、漢代から晋代にかけて草書を先駆けとして、行書・楷書は、ほぼ並行しながら確立されたと考えられている。以降、行書は、草書の速書性、楷書の明確性の長所を合わせもつ便利な書体として今日に至る。

行書と楷書の特徴を比較すると、左の表のようにまとめられる。行書の特徴は、書体の成立順序とは別に、小学校で学習した楷書と比較して説明されるが、これらは実際、楷書の速書きによって生じる変容現象でもある。

楷書と行書の特徴

	点画の性質	点画の筆使い			字形	筆順	その他の特徴
楷書	直線的で角ばっている。	一点一画が明確で、連続や省略はない。			整正で構築的である。	原則的に一定である。	読みやすいが、速書きには適さない。画一的である。
行書	曲線的で丸みがある。	止め・はね・払い等変化することが多い。	連続することが多い。	省略することがある。	楷書に準じるが、やや流動的である。	楷書に準じるが、一部異なることがある。	読みやすさを保ち速書きに適する。画一的でない。

(2) 行書の特徴

行書は、楷書に比べて「丸み」「点画の方向や形の変化」「点画の連続」「点画の省略」「筆順の変化」という特徴がある。同一文字でも、これらの特徴はさまざまな書き方として表れる。すなわち、行書の書き方は、一定ではなく幅がある。

左の「紅」では、楷書Bの骨格に行意の加わった程度の行書Aのような書き方もあれば、行書Bのような書き方もある。「保護」「秋」の硬筆文字でも、書き方の幅が確認できる。

楷書と行書の比較

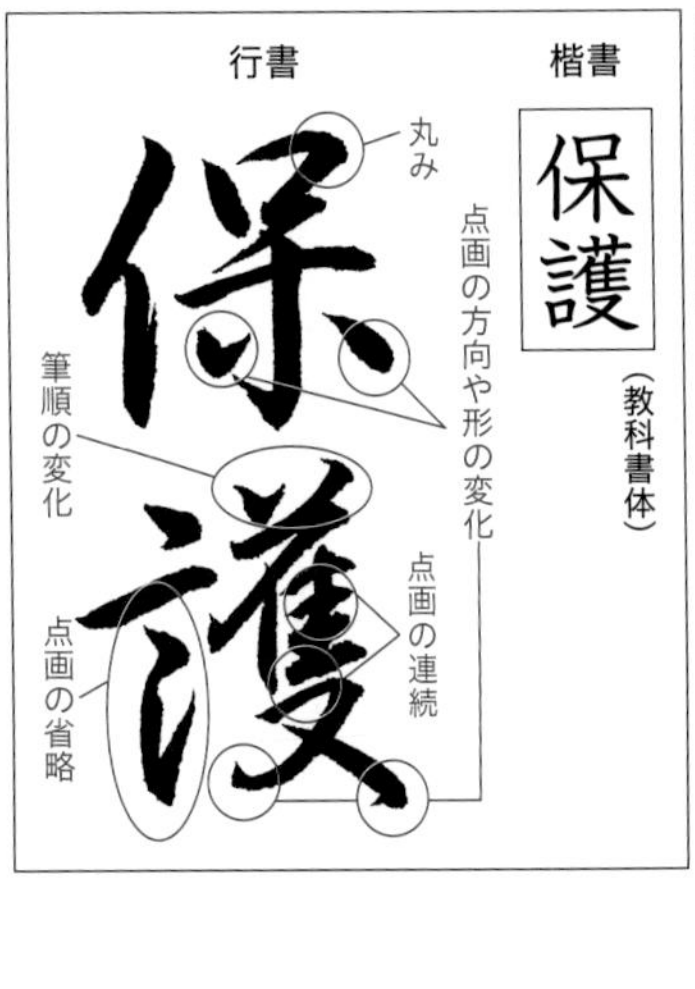

(教科書体)

楷書A（標準的な字形）

楷書B（他の字形）

行書A（楷書に近い書き方）

行書B（省略した書き方）

点画の丸み／点画の方向や形の変化①

❶中学校学習指導要領　国語（書写）〔第1学年〕
❷中学校学習指導要領解説　国語編（書写）〔第1学年〕

「点画の丸み」とは、速く書きやすく運筆する中で、楷書に比べ点画が丸みを帯びることである。

「点画の方向や形の変化」とは、速く書きやすく運筆する中で、点画の方向や形が変化することである。

❶（イ）漢字の行書の基礎的な書き方を理解して、身近な文字を行書で書くこと。❷漢字の行書の基礎的な書き方とは、（中略）点や画の形が丸みを帯びる場合があること、点や画の方向及び止め・はね・払いの形が変わる場合があること、（後略）。

天文　矢印　花束　学校　放牧　反省

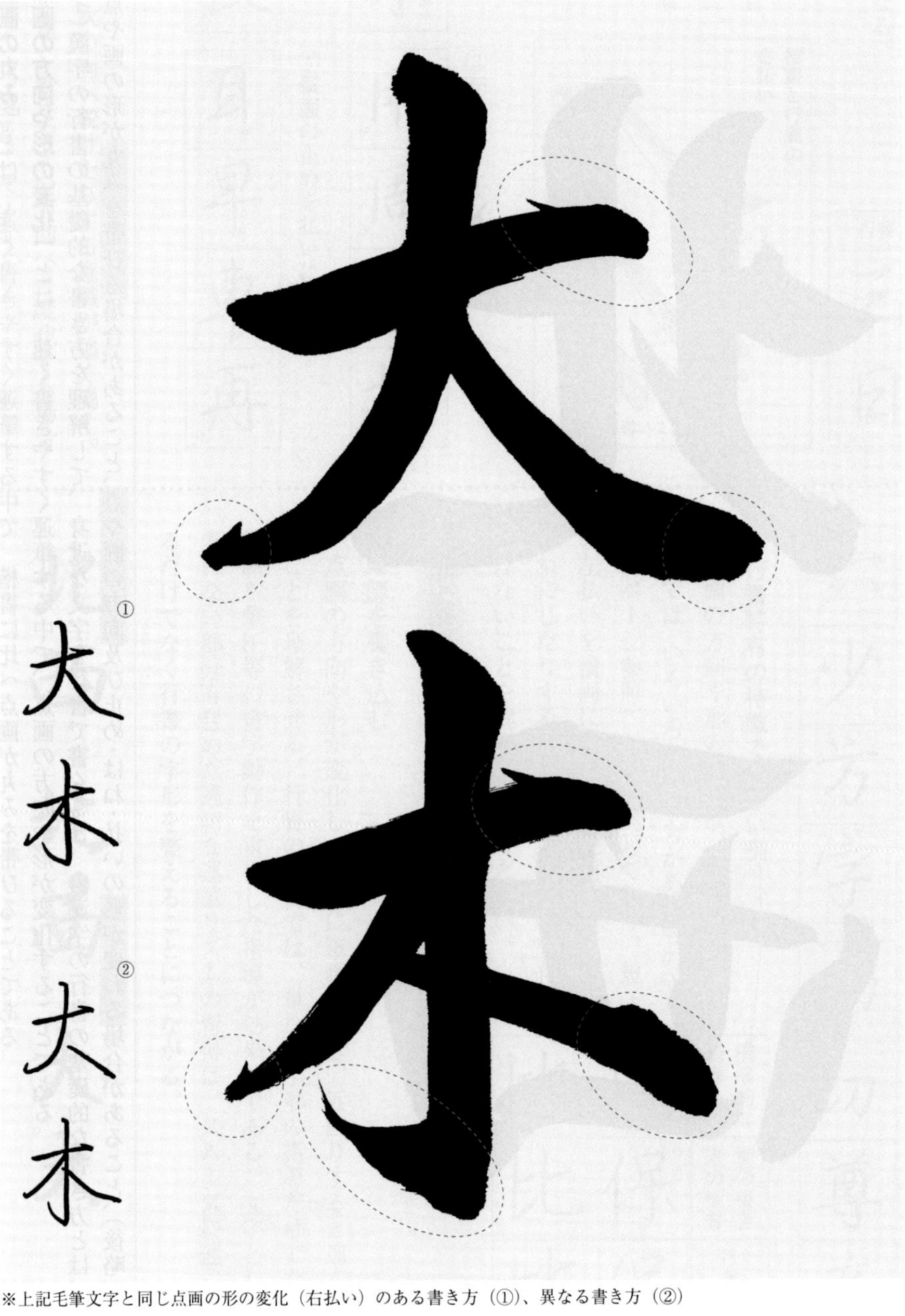

※上記毛筆文字と同じ点画の形の変化（右払い）のある書き方（①）、異なる書き方（②）

筆順の変化

❶中学校学習指導要領　国語（書写）［第1学年］　❷中学校学習指導要領解説　国語編（書写）［第1学年］

「筆順の変化」とは、点画の連続や省略にともなって、楷書の標準とされる筆順とは異なる筆順になることをいう。

❶（イ）漢字の行書の基礎的な書き方を理解して、身近な文字を行書で書くこと。❷漢字の行書の基礎的な書き方とは、（中略）筆順が変わる場合がある（後略）。

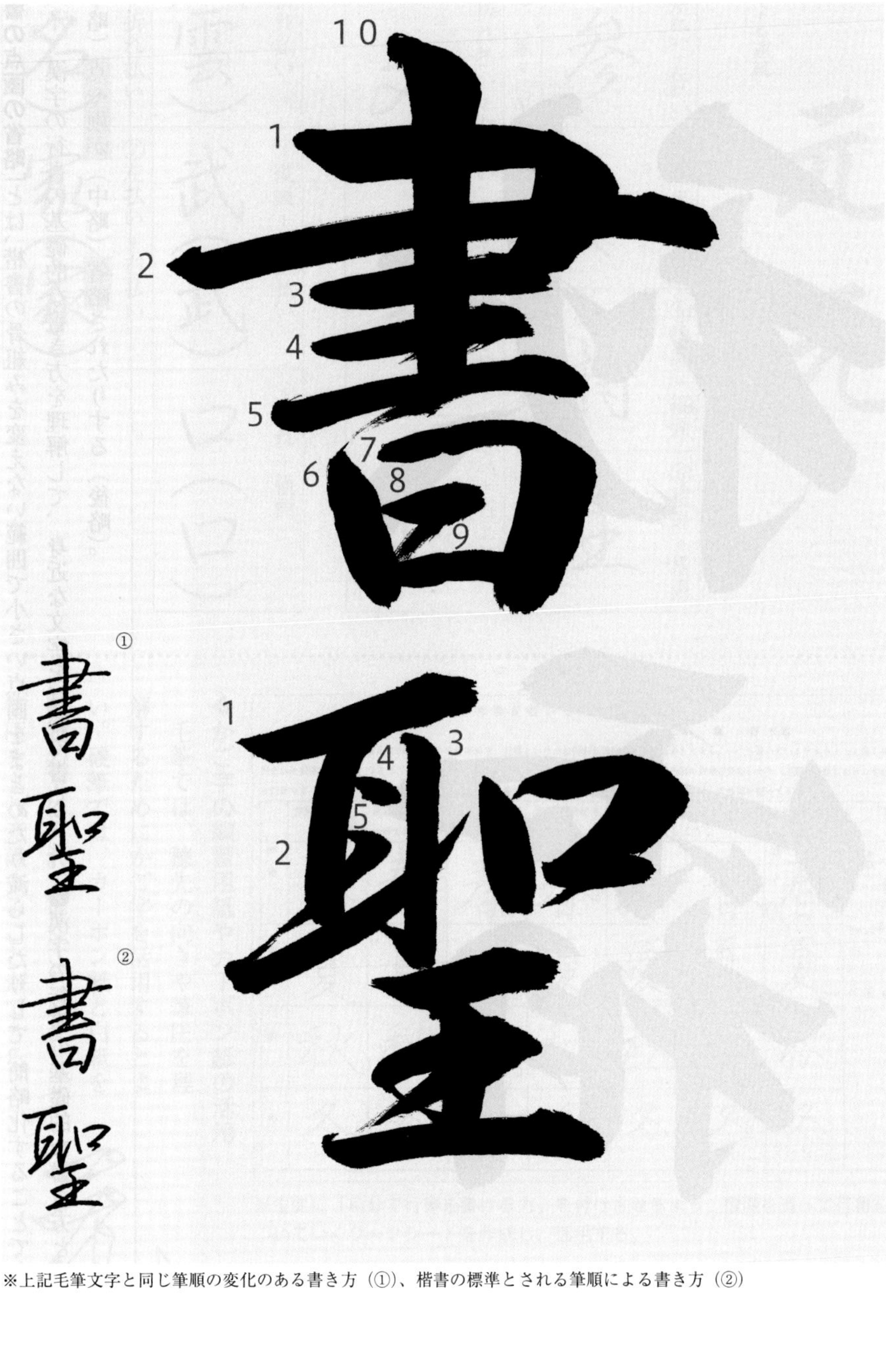

※上記毛筆文字と同じ筆順の変化のある書き方（①）、楷書の標準とされる筆順による書き方（②）

点画の省略、筆順の変化のポイント

❶点画の省略

書体の変遷過程とは別に、既習の楷書と比較してどの点画が省略されているか説明していく。

①点の省略（点は、減数したり線として書いたりする。）

②画の省略（「衣偏」と「示偏」は同形になる。左列は省略しない書き方）

❷筆順の変化

行書では、楷書の標準とされる筆順とは異なる書き方をする場合がある。これを行書の特徴のひとつと捉えることがある。（a）

点画の連続や省略に伴って、筆順の変化が見られる場合もある。糸偏、草冠などは応用の幅が広いので、日常の書字活動に生かしたい。（b）

a　b

授業のアイデア

◆行書への興味・関心アップ

次のようなプリントを使用し、行書を日常で活用する意識を高める。

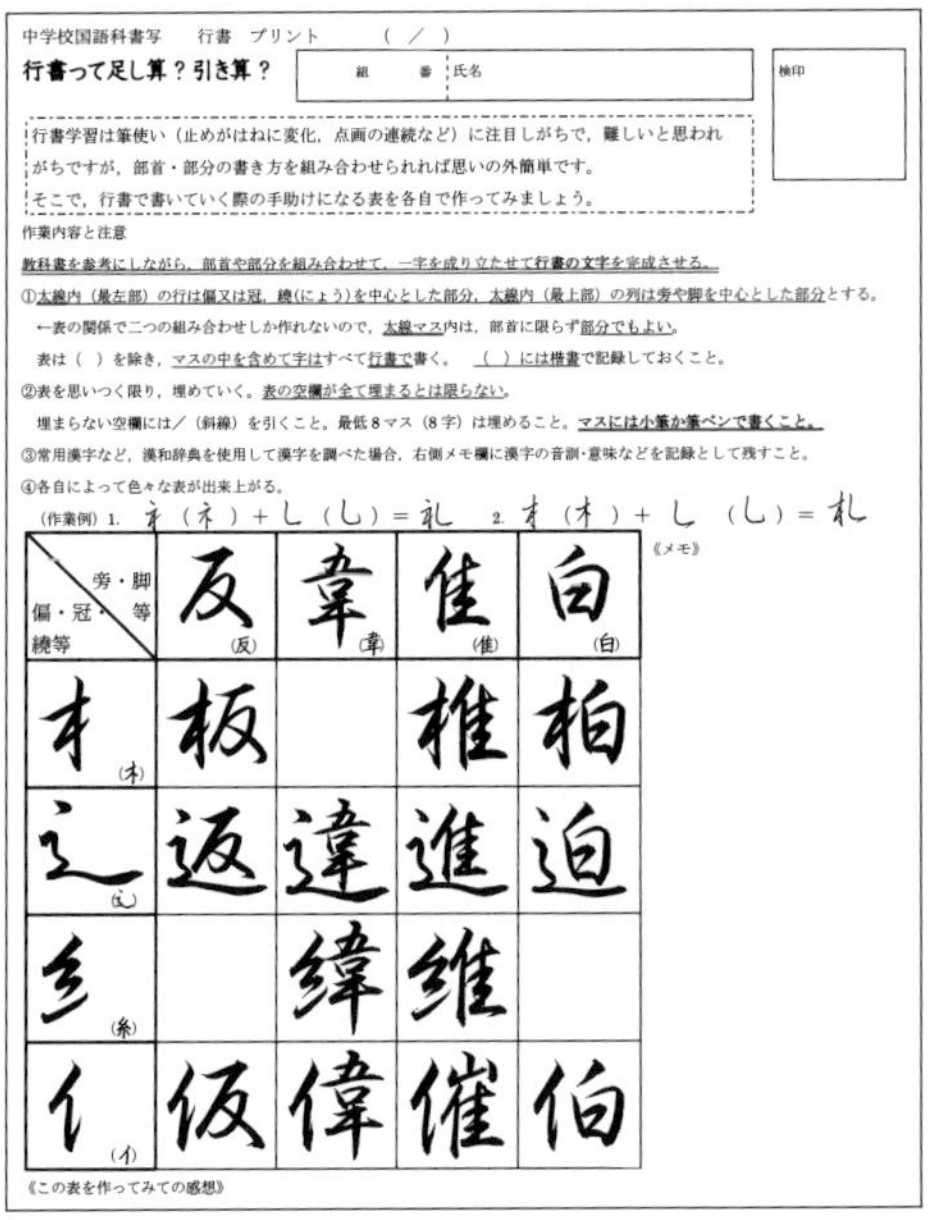

中学校国語科書写　行書　プリント　（／）
行書って足し算？引き算？
組　番　氏名
検印
行書学習は筆使い（止めがはねに変化、点画の連続など）に注目しがちで、難しいと思われがちですが、部首・部分の書き方を組み合わせられれば思いの外簡単です。
そこで、行書で書いていく際の手助けになる表を各自で作ってみましょう。
作業内容と注意
教科書を参考にしながら、部首や部分を組み合わせて、一字を成り立たせて行書の文字を完成させる。
①太線内（最左部）の行は偏又は冠、繞（にょう）を中心とした部分、太線内（最上部）の列は旁や脚を中心とした部分とする。
←表の関係で二つの組み合わせしか作れないので、太線マス内は、部首に限らず部分でもよい。

表は（　）を除き、マスの中を含めて字はすべて行書で書く。（　）には楷書で記録しておくこと。
②表を思いつく限り、埋めていく。表の空欄が全て埋まるとは限らない。
埋まらない空欄には／（斜線）を引くこと。最低8マス（8字）は埋めること。マスには小筆か筆ペンで書くこと。
③常用漢字など、漢和辞典を使用して漢字を調べた場合、右側メモ欄に漢字の音訓・意味などを記録として残すこと。
④各自によって色々な表が出来上がる。
（作業例）1.　ネ（ネ）＋し（し）＝礼　2.木（木）＋し（し）＝札
《メモ》
偏・冠・繞等
旁・脚・等
反（反）　韋（韋）　隹（隹）　白（白）
木（木）　板　椎　柏
辶（辶）　返　違　進　迫
糸（糸）　緯　維
亻（亻）　仮　偉　催　伯
《この表を作ってみての感想》

※部分を組み合わせて行書を完成させる活動ができるプリント。

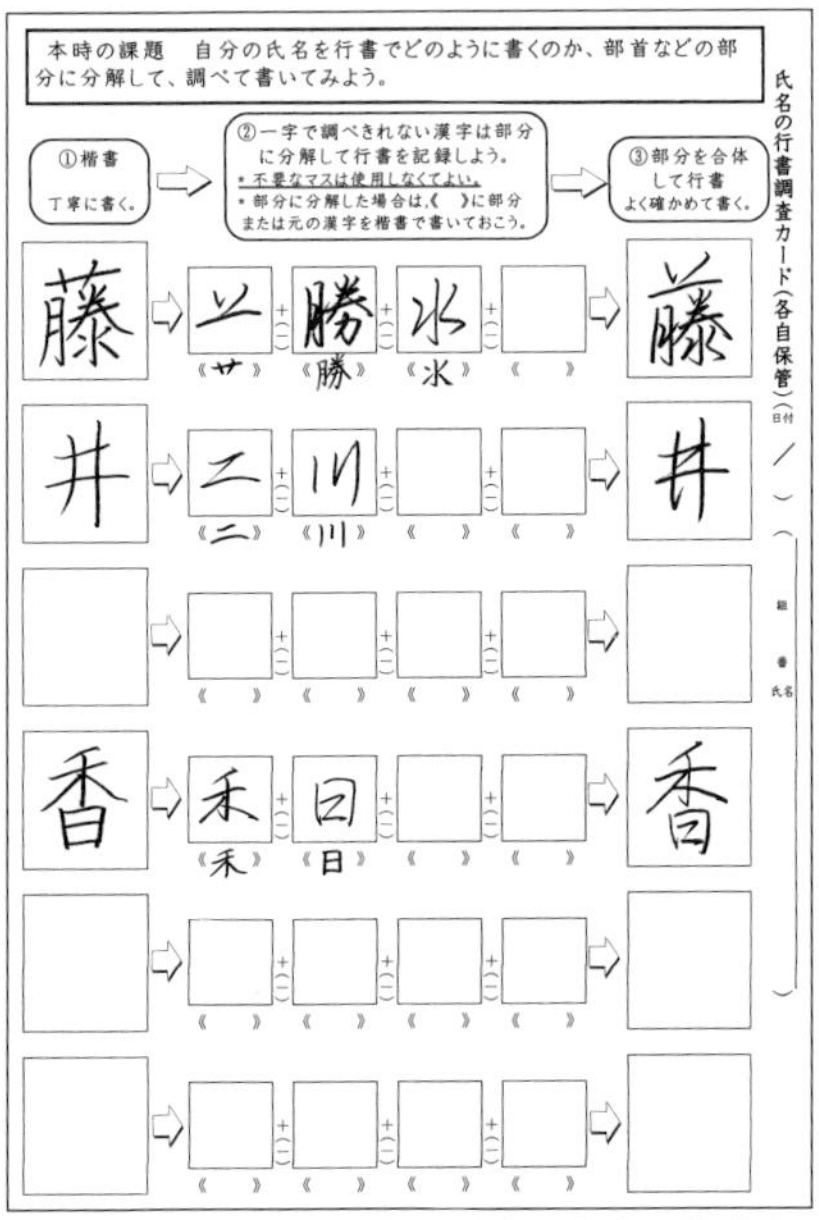

本時の課題　自分の氏名を行書でどのように書くのか、部首などの部分に分解して、調べて書いてみよう。
①楷書
丁寧に書く。
②一字で調べきれない漢字は部分に分解して行書を記録しよう。
＊不要なマスは使用しなくてよい。
＊部分に分解した場合は《　》に部分または元の漢字を楷書で書いておこう。
③部分を合体して行書
よく確かめて書く。
氏名の行書調査カード（各自保管）日付　／
組　番　氏名
藤　⇨　艹　＋　勝　＋　氺　⇨　藤
《艹》《勝》《氺》
井　⇨　二　＋　川　⇨　井
《二》《川》
香　⇨　禾　＋　日　⇨　香
《禾》《日》

※自分の氏名を行書に変えて書く方法を学ぶプリント。

行書に調和する仮名

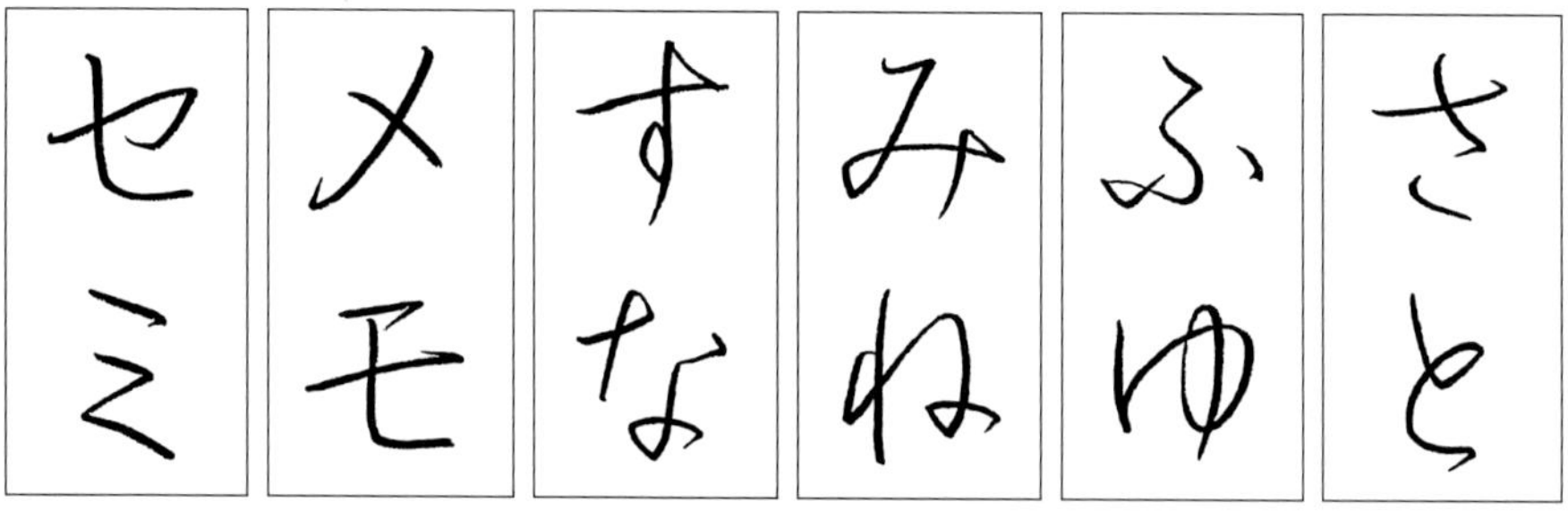

●中学校学習指導要領　国語（書写）［第2学年］

「**行書に調和する仮名**」とは、行書の特徴（点画の丸み、連続、方向や形の変化、省略など）に調和させて書く仮名である。

●（ア）漢字の行書とそれに調和した仮名の書き方を理解して、読みやすく速く書くこと。

（イ）目的や必要に応じて、楷書又は行書を選んで書くこと。

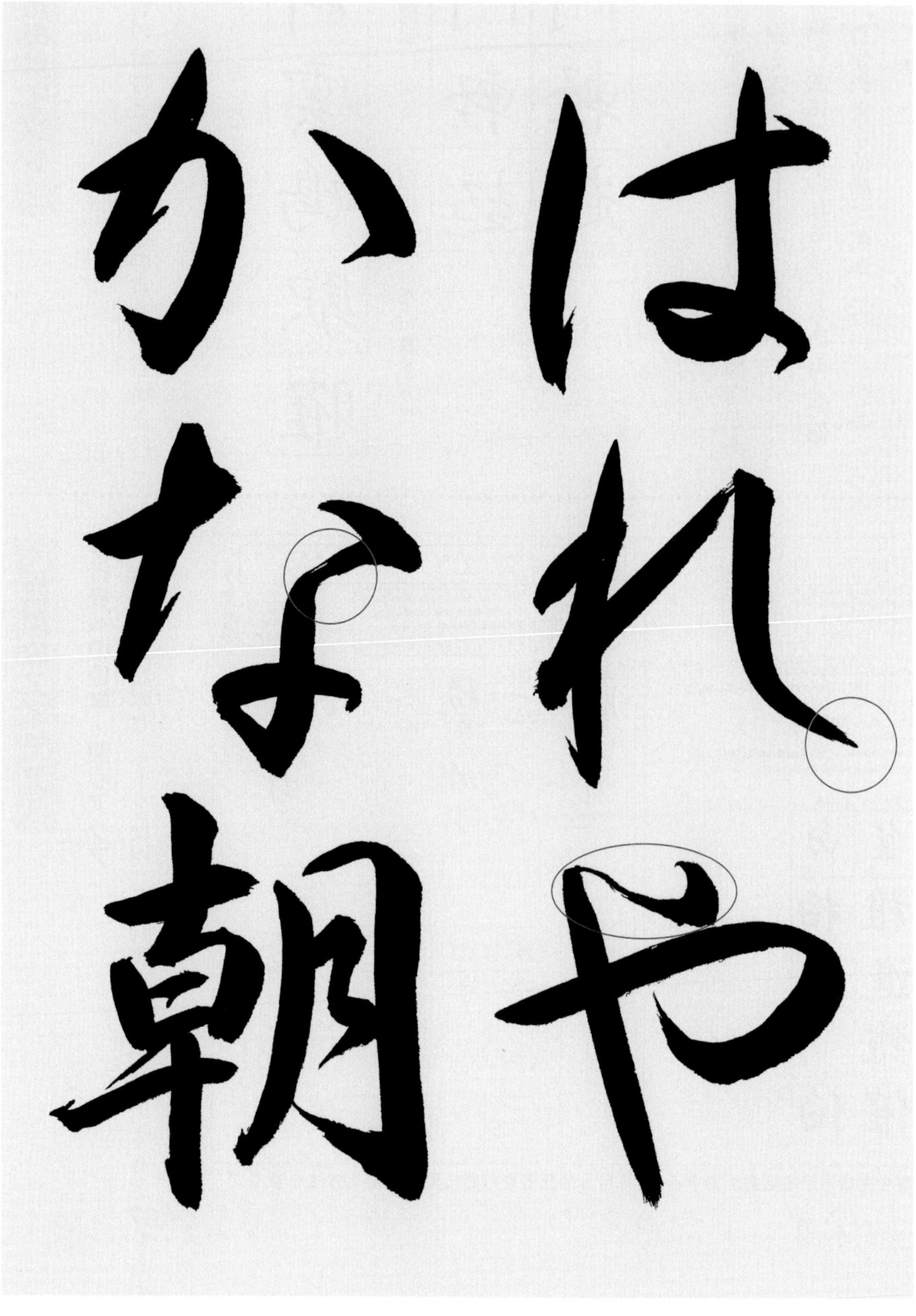

行書に調和する仮名のポイント

	平仮名 楷書に調和	平仮名 行書に調和	片仮名 楷書に調和	片仮名 行書に調和
点画の丸み（始筆や終筆をなめらかに書くことがある。折れが丸みを帯びることがある。）	わ	わ	ロ	ロ
点画の方向や形の変化（終筆の方向や形を変化させて書くことがある。）	し	し	ヌ	ヌ
	と	と	ウ	ウ
点画の連続（線を連続して書くことがある。）	せ	せ	キ	キ
	ら	ら	ケ	ケ
点画の省略（線を省略して書くことがある。）	れ	れ	片仮名は主に楷書の点画を省略してできており、これ以上の省略はない。	

※行書に調和する仮名一覧は106・107ページ

文学作品を行書で書いた例

祇園精舎の鐘の声、諸行無常の響きあり。娑羅双樹の花の色、盛者必衰の理をあらはす。おごれる人も久しか

（『平家物語』冒頭）「娑」は「沙」と書くこともある。

個人メモの例

ひまわり保育園
田中先生が仕事で心がけていること
・笑顔を絶やさない
・ゆっくり話す
・体調管理をする

伝達メモの例

会計監査日時のお知らせ
日時：2月14日（火）16時～
場所：生徒会室
持ち物：議案書，筆記用具
※必ず出席して下さい。

文字の大きさと配列② 行書

「**行書における文字の大きさと配列**」は、基本的に楷書の場合と同じであるが、筆脈や運筆リズムに注意して書く。
❶（ア）漢字の行書とそれに調和した仮名の書き方を理解して、読みやすく速く書くこと。❷（ア）身の回りの多様な表現を通して文字文化の豊かさに触れ、効果的に文字を書くこと。

❶中学校学習指導要領　国語（書写）［第2学年］　❷中学校学習指導要領　国語（書写）［第3学年］

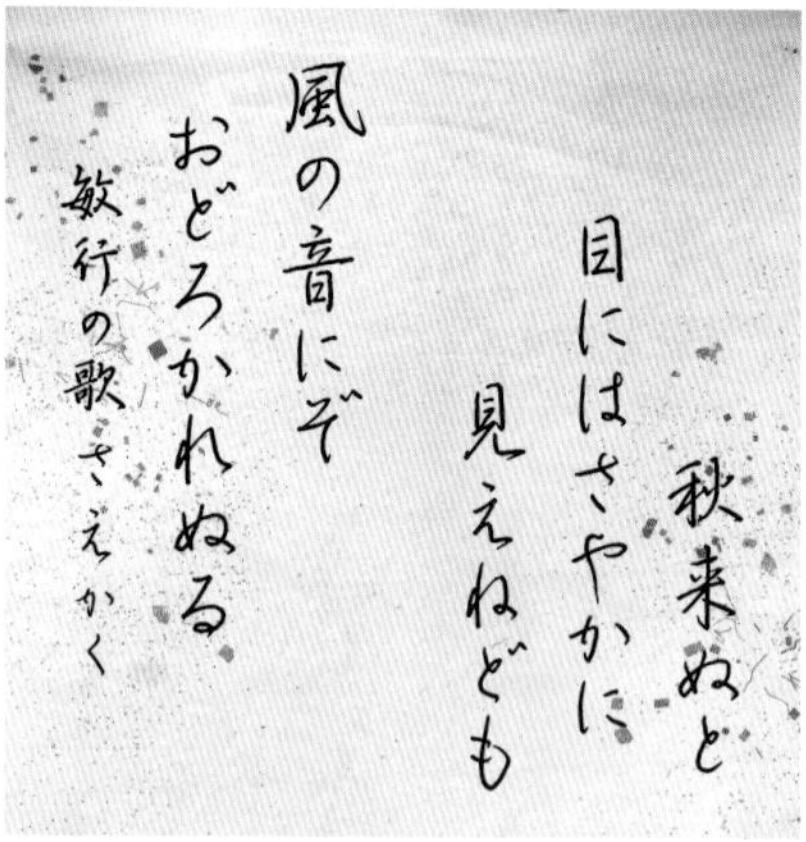
秋来ぬと
目にはさやかに
見えねども
風の音にぞ
おどろかれぬる
敏行の歌　さえかく
（色紙　サインペン　散らし書き）

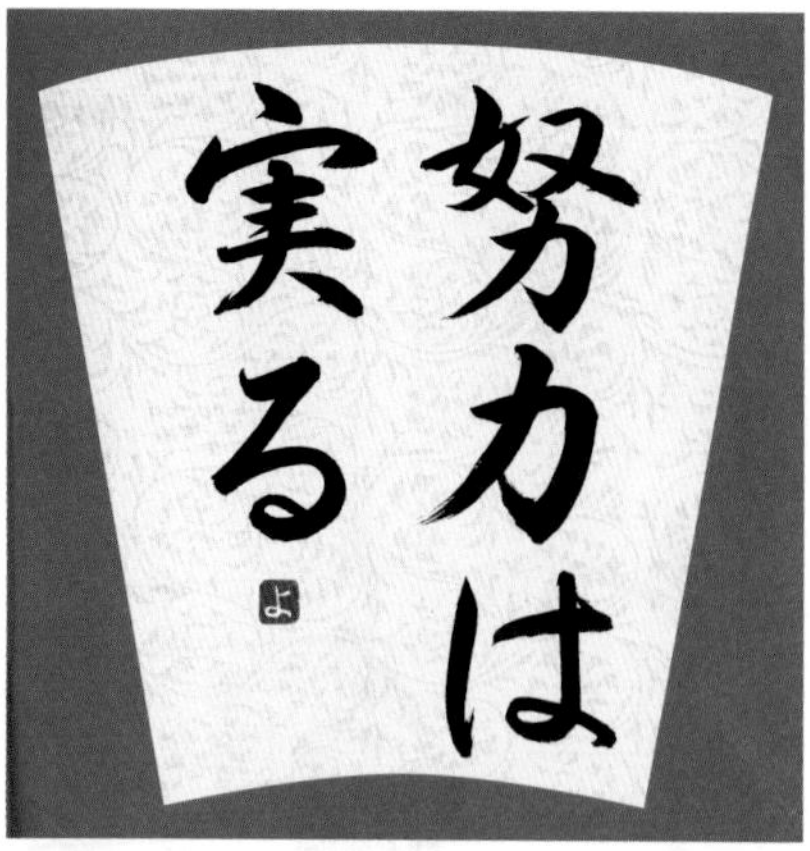
努力は
実る
よ
（色紙　大筆　二行書き）

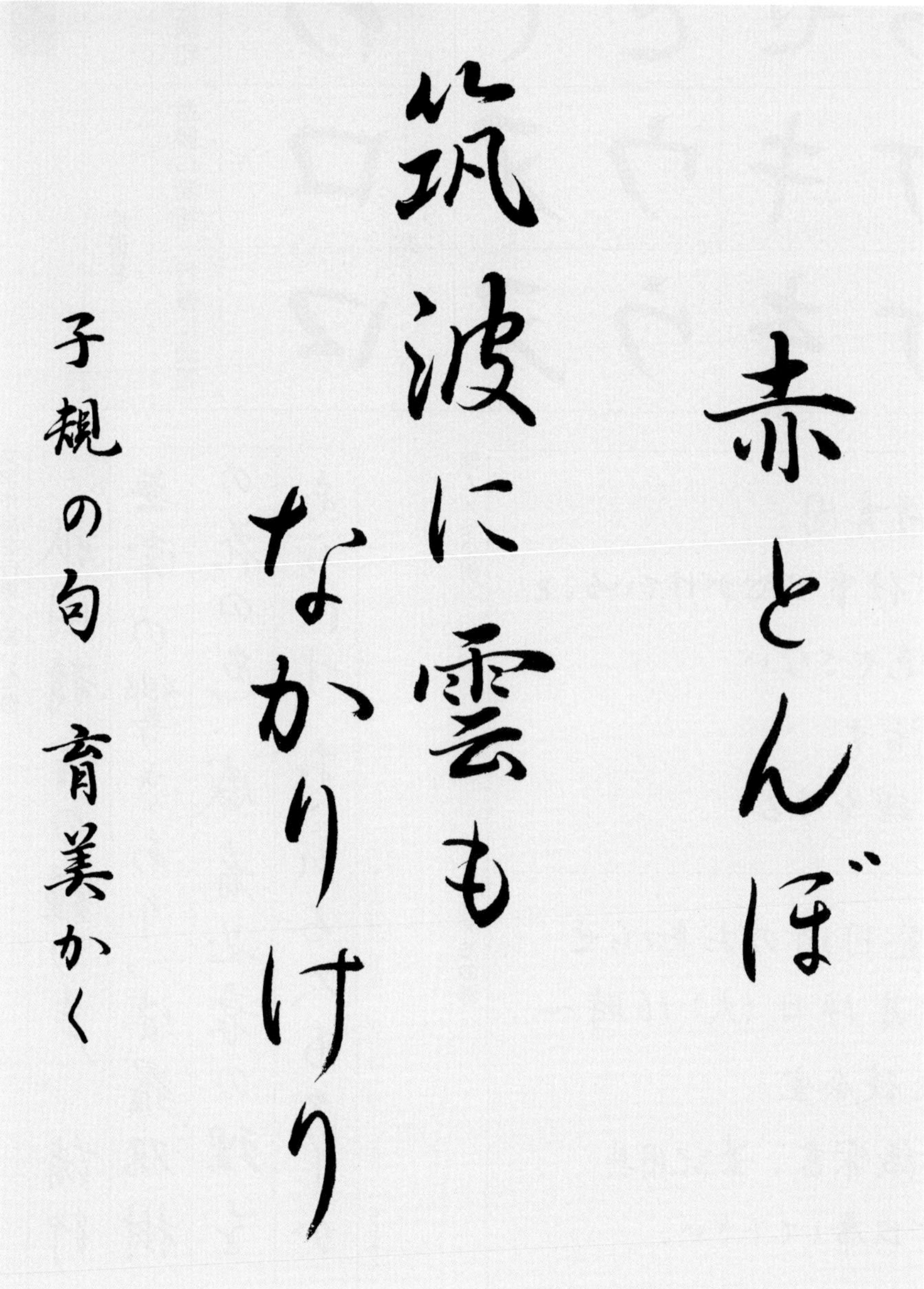
赤とんぼ
筑波に雲も
なかりけり
子規の句　育美かく
（半紙　小筆　散らし書き）

文字の大きさと配列のポイント

行書は楷書より柔らかみがあるため、平仮名とはなじみやすい。なめらかな行書の運筆に、仮名の字形と運筆を合わせて調和させる。

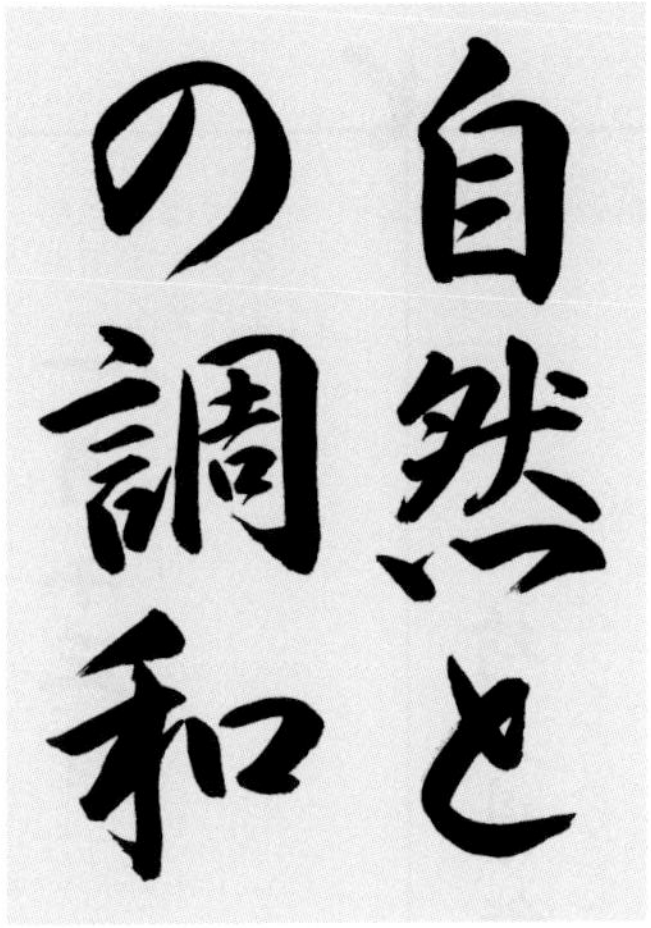
自然との調和

（半紙　大筆　二行書き）

❶ 半紙（大筆）

楷書の場合と同じく、漢字より仮名をやや小さめにする。余白（上下・左右・字間・行間などの空け方）や中心に配慮することが大切である。

半紙二行に四〜六文字をおさめる場合、漢字・仮名を問わず、横相互の文字の中心をそろえる。

❷ 色紙・短冊（小筆）

短歌・俳句を色紙や短冊に書くときは、各行の書き出しの位置を変えて書くのが一般的である。行頭や行尾をそろえず、字間や行間に配慮しながら上下に余白を取って、全体の調和を図る。短歌の場合は、上の句と下の句の間を広く空けることがある。これを「散らし書き」という。

短冊では、行頭をそろえる「行書き」で書くことも多い。

君待つと我が恋ひ居れば我が屋戸のすだれ動かし秋の風吹く
額田王の歌を
拓矢かく

（短冊　小筆　行書き）

授業のアイデア

◆散らし書きの草稿作り

中学校の書写教科書の巻末には、常用漢字表の文字の行書例が掲載されている。タブレットPCやパソコンで、その文字から散らし書きの草稿を作る活動を行う。

①自然体験活動や修学旅行など、行事での思い出を、川柳、俳句、短歌などで創作する。

②教科書巻末から文字を探し、デジタルカメラ、イメージスキャナー等で取り込み、一字ずつデータ化する。

③パワーポイントや画像処理ソフトなどを用いて、色紙の枠を設け、その上に文字のデータを貼り付ける。大きさや位置を変えながら、構想するとよい。

④画面上で完成したら、印刷する。

⑤印刷したものを参考にして書く。

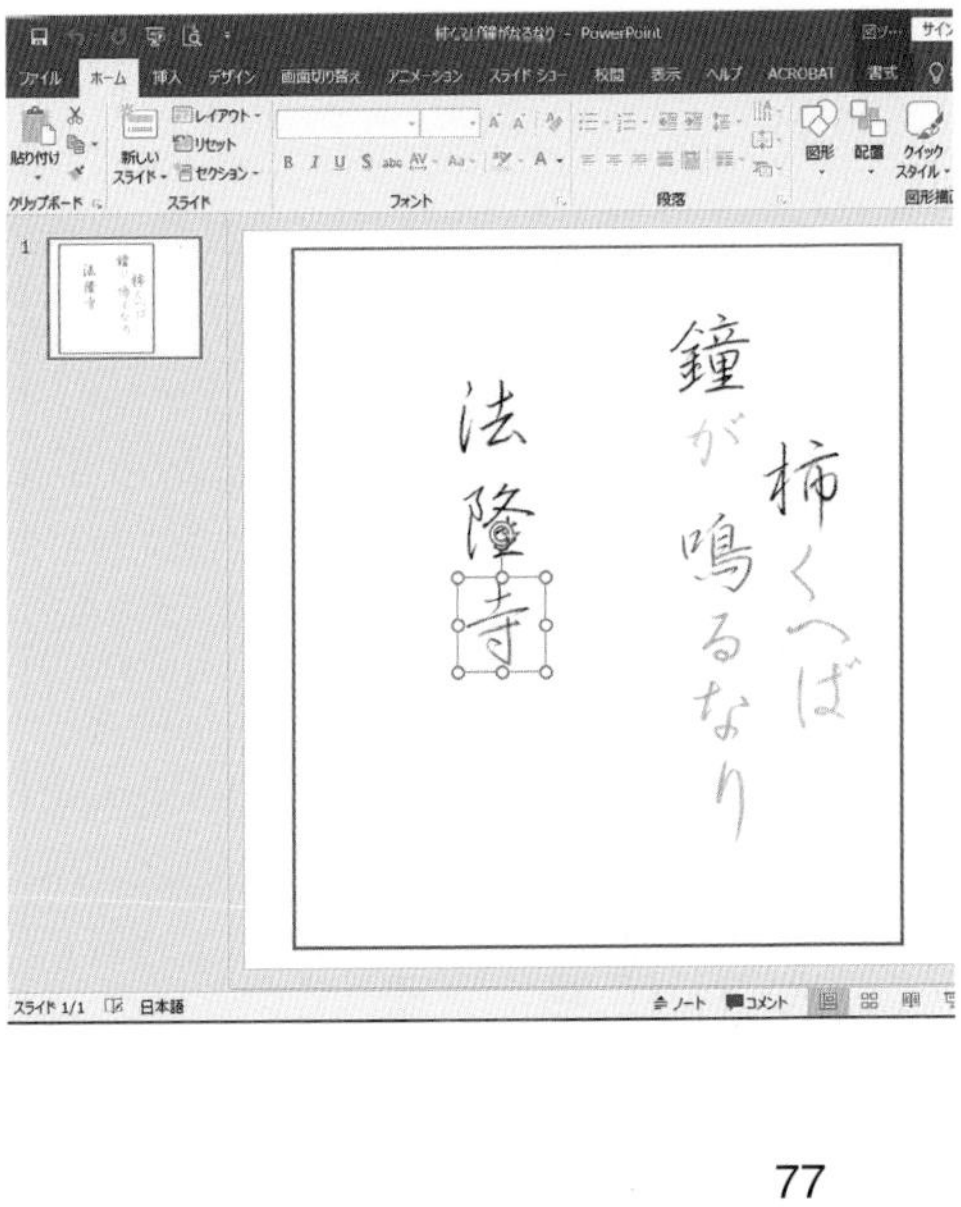
法隆寺
鐘が鳴るなり
柿くへば

＊散らし書きの草稿作りはトレーシングペーパーで文字を写して並べても同様の指導ができる。ただし、文字の大きさを生徒自身で工夫できないことに留意する必要がある。

実用書式

●小学校学習指導要領　国語「指導計画の作成と内容の取扱い」

「**実用書式**」とは、はがきや封筒、手紙や原稿用紙など実用的な場面で慣習的に行われてきた書き方のことである。

●文字を正しく整えて書くことができるようにするとともに、書写の能力を学習や生活に役立てる態度を育てるよう配慮すること。

実用書式のポイント

❶ 和封筒の書き方

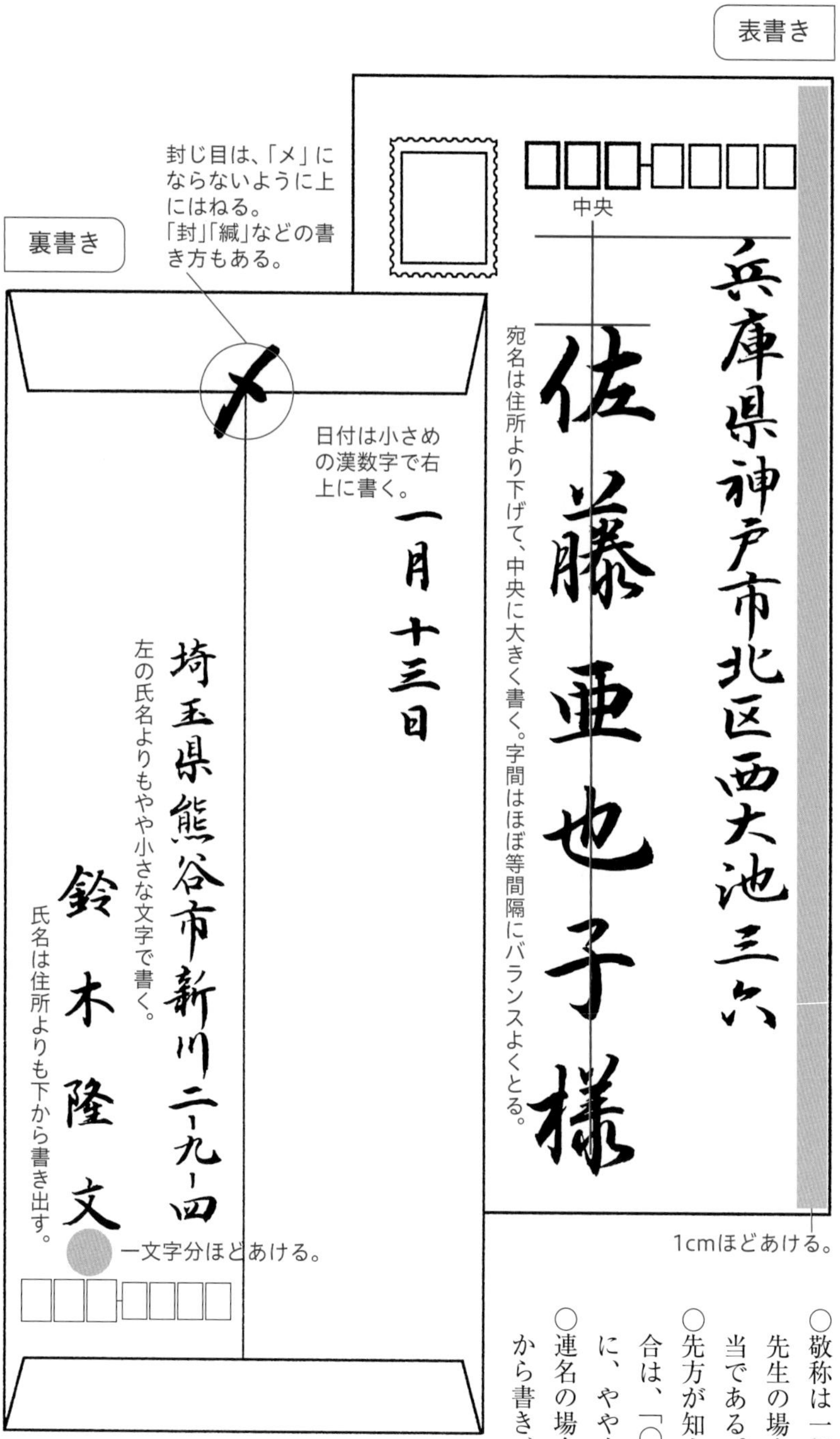
表書き
中央
兵庫県神戸市北区西大池三ー六
佐藤亜也子様
宛名は住所より下げて、中央に大きく書く。字間はほぼ等間隔にバランスよくとる。
1cmほどあける。
裏書き
封じ目は、「メ」にならないように上にはねる。
「封」「緘」などの書き方もある。
メ
日付は小さめの漢数字で右上に書く。
一月十三日
埼玉県熊谷市新川二ー九ー四
左の氏名よりもやや小さな文字で書く。
鈴木隆文
氏名は住所よりも下から書き出す。
一文字分ほどあける。

○敬称は一般的には「様」を用いるが、先生の場合は「先生」とするのが妥当である。
○先方が知人宅などに寄寓している場合は、「○△様方」と宛名の前の行に、やや小さめに書く。
○連名の場合は、右から順に目上の人から書き、各々に尊称をつける。

＊和封筒の裏書きでは、封筒中央の継ぎ目の右側に住所、左側に氏名を書く方法もある。

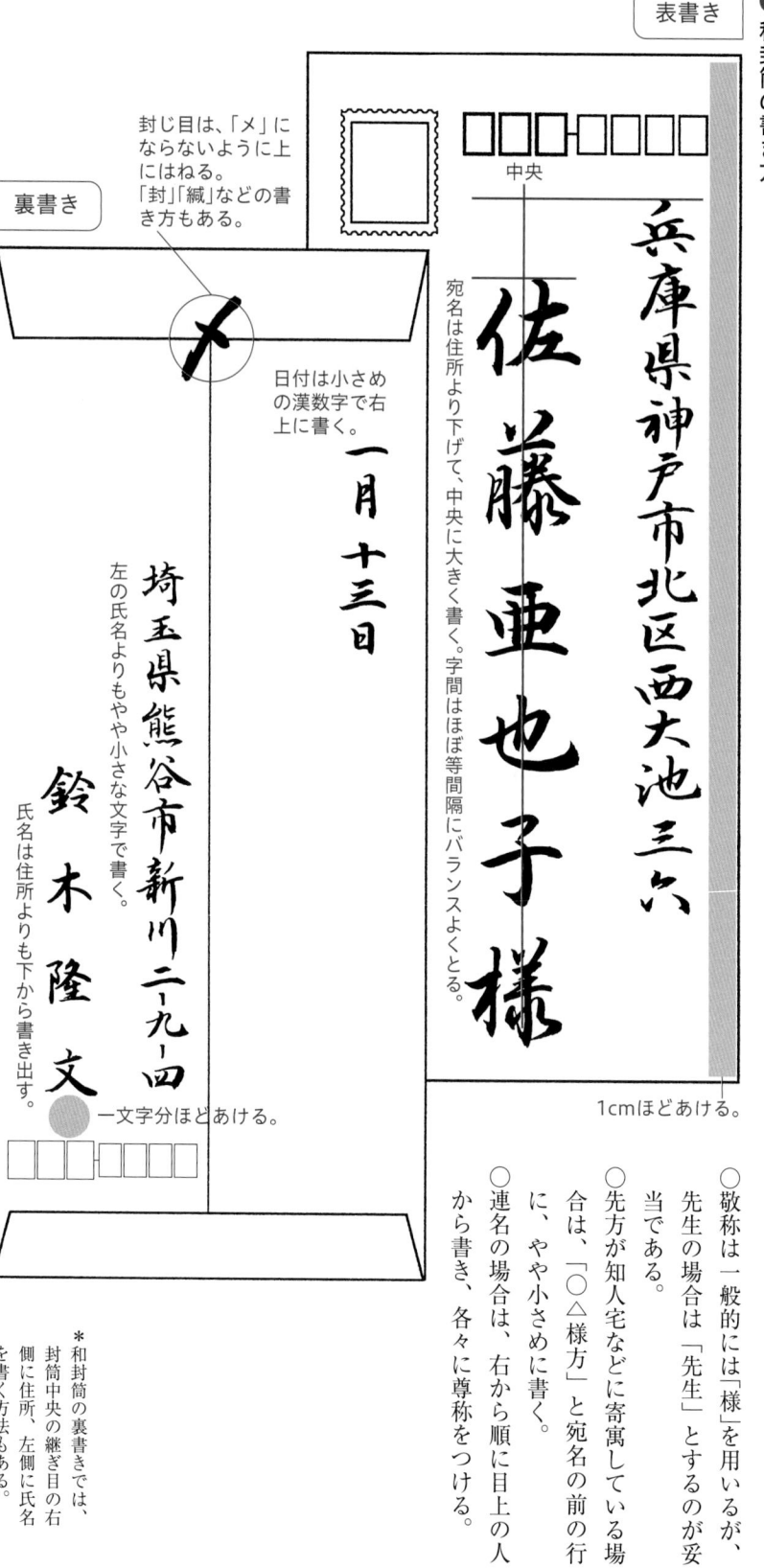

❷ はがきの書き方

ア　郵便はがき（表面）

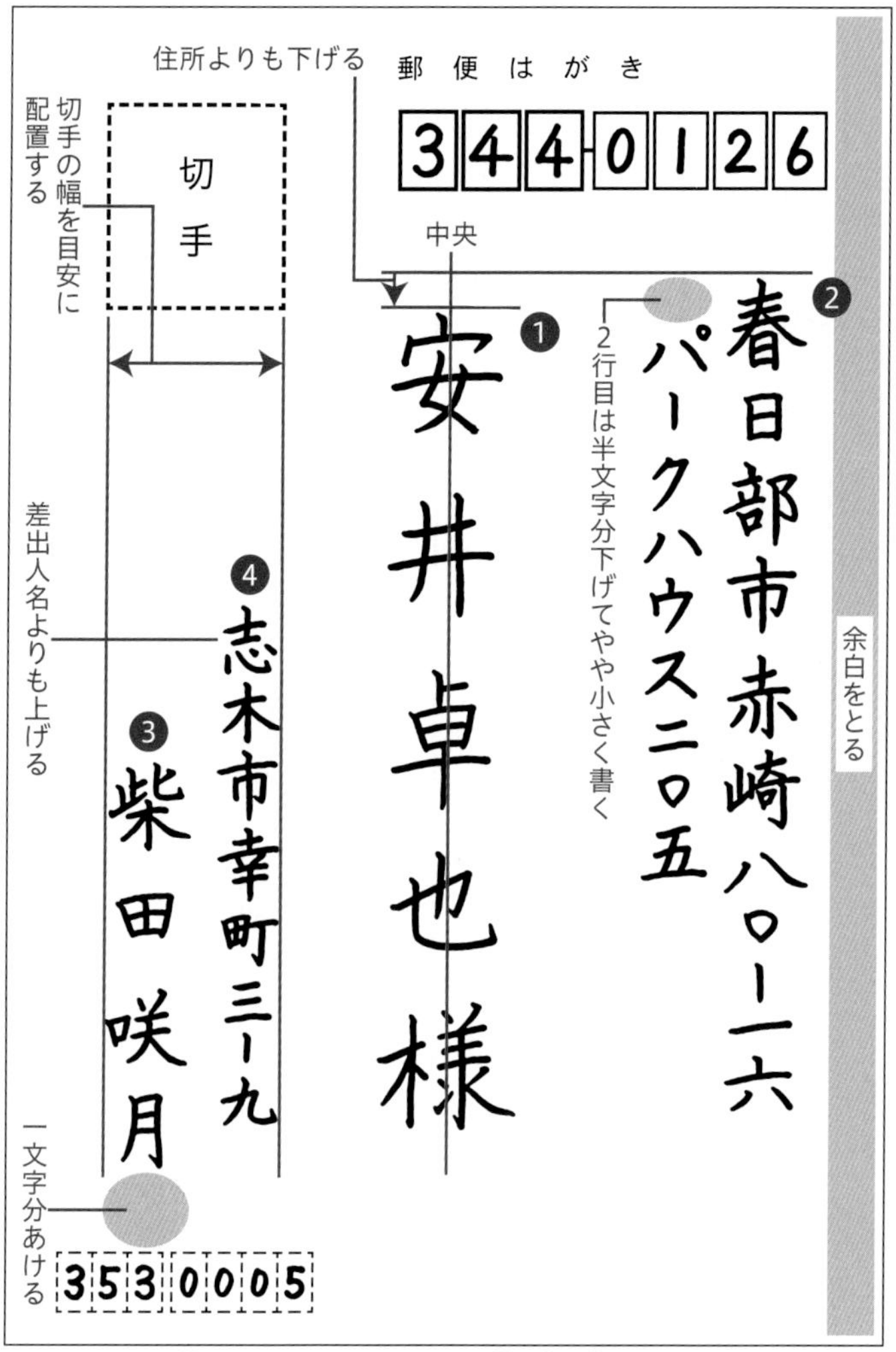

郵便はがき
3440126
住所よりも下げる
中央
切手
切手の幅を目安に配置する
余白をとる
❷ 春日部市赤崎八〇一一六
パークハウス二〇五
2行目は半文字分下げてやや小さく書く
❶ 安井卓也様
❹ 志木市幸町三ー九
差出人名よりも上げる
❸ 柴田咲月
一文字分あける
3530005

文字の大きさは❶がいちばん大きく、続いて❷・❸・❹の順に小さくなる

イ　郵便はがき（裏面）

便せんに比べて紙面に限りがあるので、要点をまとめて書く。行数は、六〜七行に書くのがひとつの目安である。

秋晴れのすがすがしい日が続いておりますが、皆様お変わりございませんでしょうか。この度は、ご当地の新米をお送りくださり、ありがとうございました。早速家族で美味しくいただきました。朝夕は冷え込みますので、くれぐれもお身体ご自愛ください。

ウ　返信用はがき

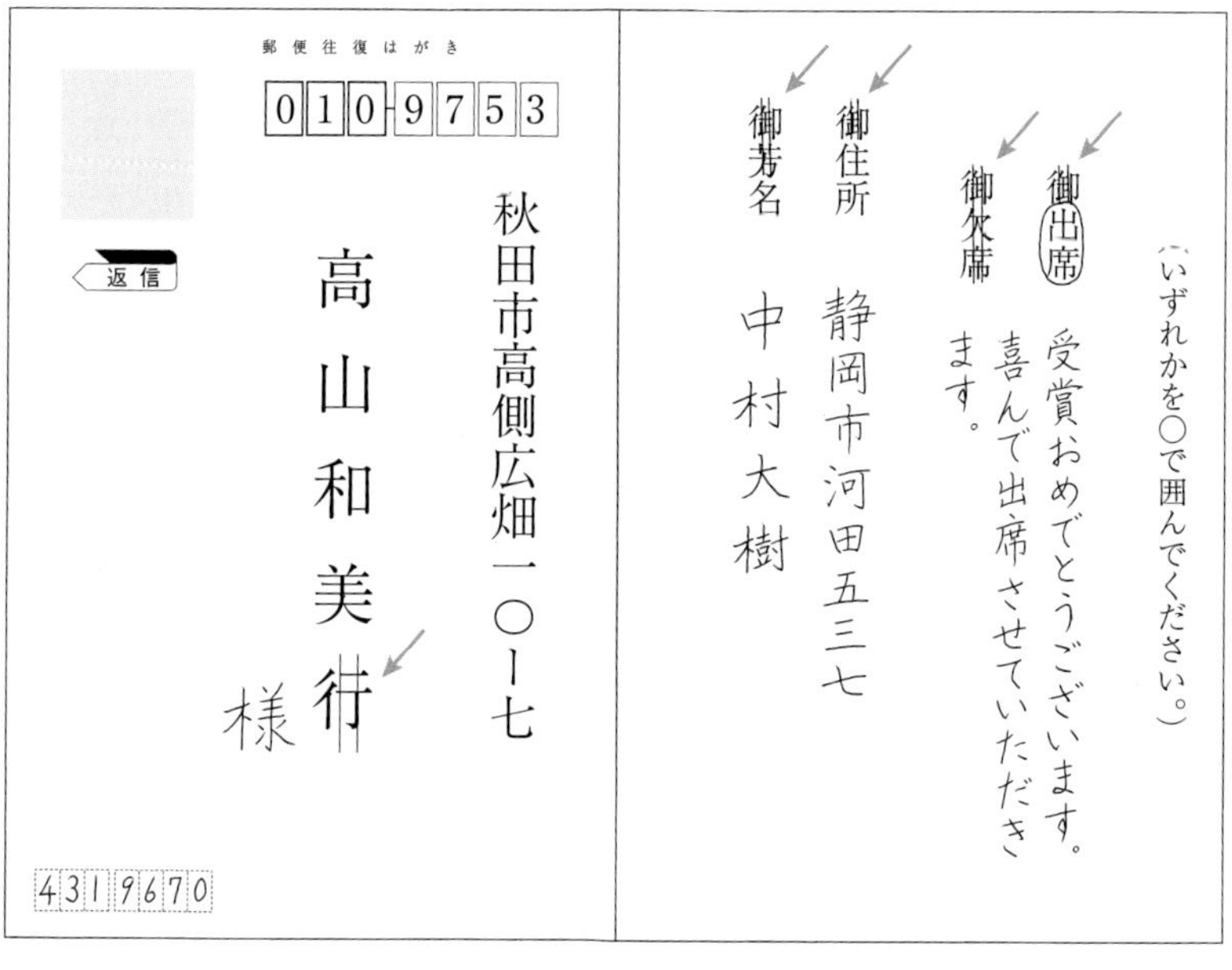

御出席
御欠席
（いずれかを○で囲んでください。）
受賞おめでとうございます。喜んで出席させていただきます。
御住所　静岡市河田五三七
御芳名　中村大樹
郵便往復はがき
010-9753
秋田市高側広畑一〇ー七
高山和美　行　様
返信
4319670

往復はがきを返信する場合、自分が回答する部分や住所・氏名に記されている「御」「御芳」に線を引いて消す。

また、表書きに記されている「行」は、個人に返信する場合には「様」、官庁・会社・団体などに返信する場合には「御中」と書き直す。

❸ 手紙文を書く

手紙には、古くから書き継がれるうちに整えられた用語や形式がある。定められた書式を生かして気持ちの伝わる文章を書きたい。

前文

拝啓

（改行後の行頭は、一字下げても上にそろえて書いてもよい。）

（冒頭語 手紙文では、「拝啓―敬具」「前略―草々」「一筆差し上げます―かしこ」などの冒頭語と結語を使うきまりがある。）

○桜のつぼみもふくらみ、すっかり春めいてきました。

（時候のあいさつ、先方及び自分の安否、日ごろの感謝などを書く。）

皆様お変わりなくお過ごしですか。

本文

さて、このたびは、高校合格にあたりまして、早速お祝いのお言葉と立派な腕時計をお贈りくだ

（「さて」などのことばに続いて、用件をわかりやすく書く。）

（中　略）

末文

どうぞお体を大事になさってください。

（先方の健康を祈る、自分の乱筆乱文を詫びることばなどを書く。）

後付

敬具

（結語）

三月二十五日

（日付は、二五でなく、二十五と書くほうがよい。）

中島文子

（差出人は、行の下の方に書く。）

島村義雄様

（上にそろえる。）

（宛名は、やや大きめに敬称をつけて書く。）

（本文で書き落としたことがある場合、「追伸」「二伸」などのあとに、簡潔にやや小さな文字で書く。）

Column 熨斗袋《のし》を書く

熨斗袋とは、熨斗や水引きが付いていたり印刷してあったりする紙の袋のことで、主に金銭を贈るときに用いられる。熨斗袋は、冠婚葬祭などの、あらたまった機会に使用するため、毛筆や筆ペンを使って丁寧に書くことが大切である。文字の大きさや字間に気を配り、中心を通して書くことに留意したい。

学校生活の中でも、卒業式等の記念品に熨斗紙が付されている場合があり、目録や式次第等にも毛筆の文字が見られることがある。

御祝

御礼

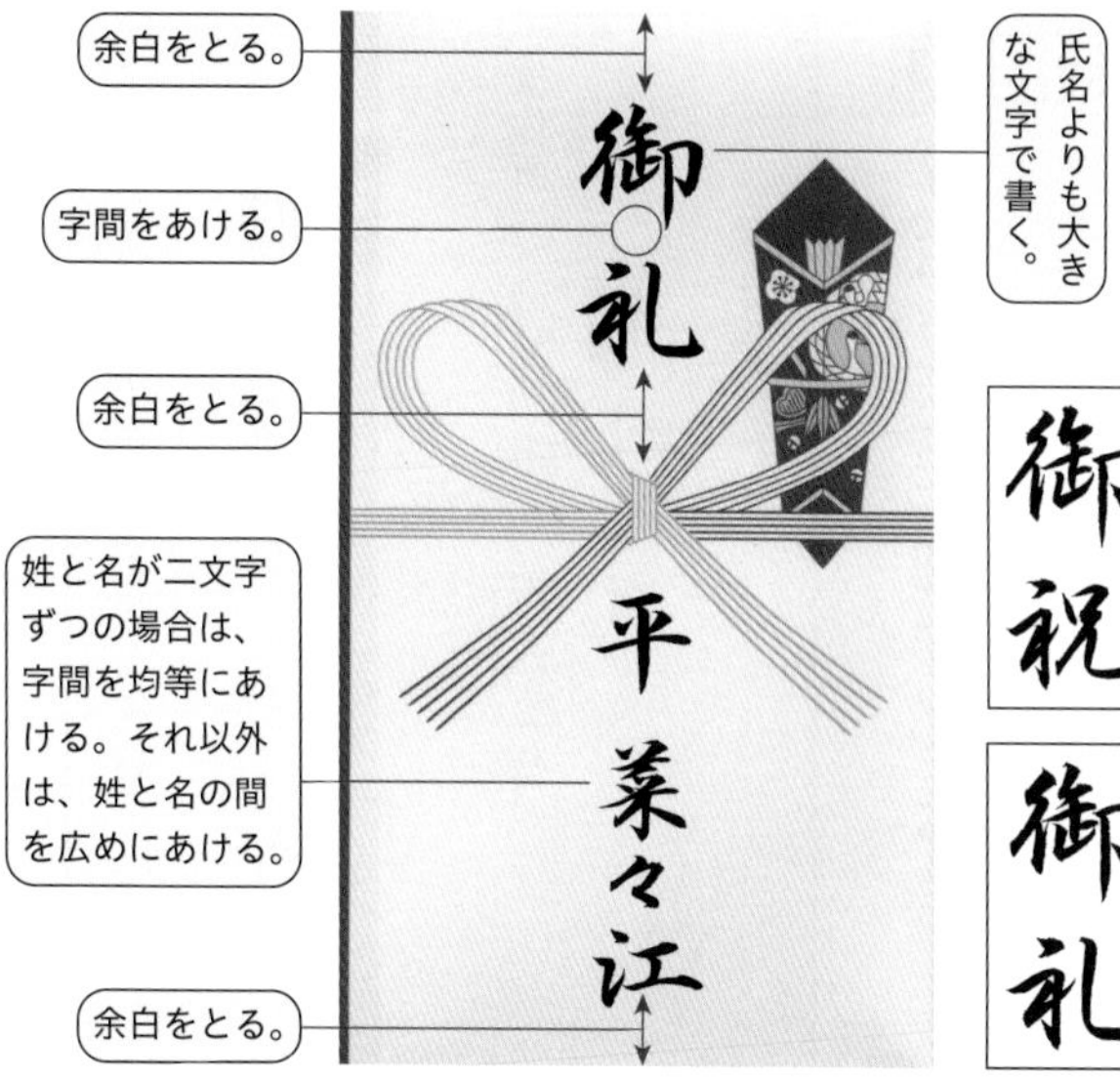

氏名よりも大きな文字で書く。
御○礼
平 菜々江
余白をとる。
字間をあける。
余白をとる。
姓と名が二文字ずつの場合は、字間を均等にあける。それ以外は、姓と名の間を広めにあける。
余白をとる。

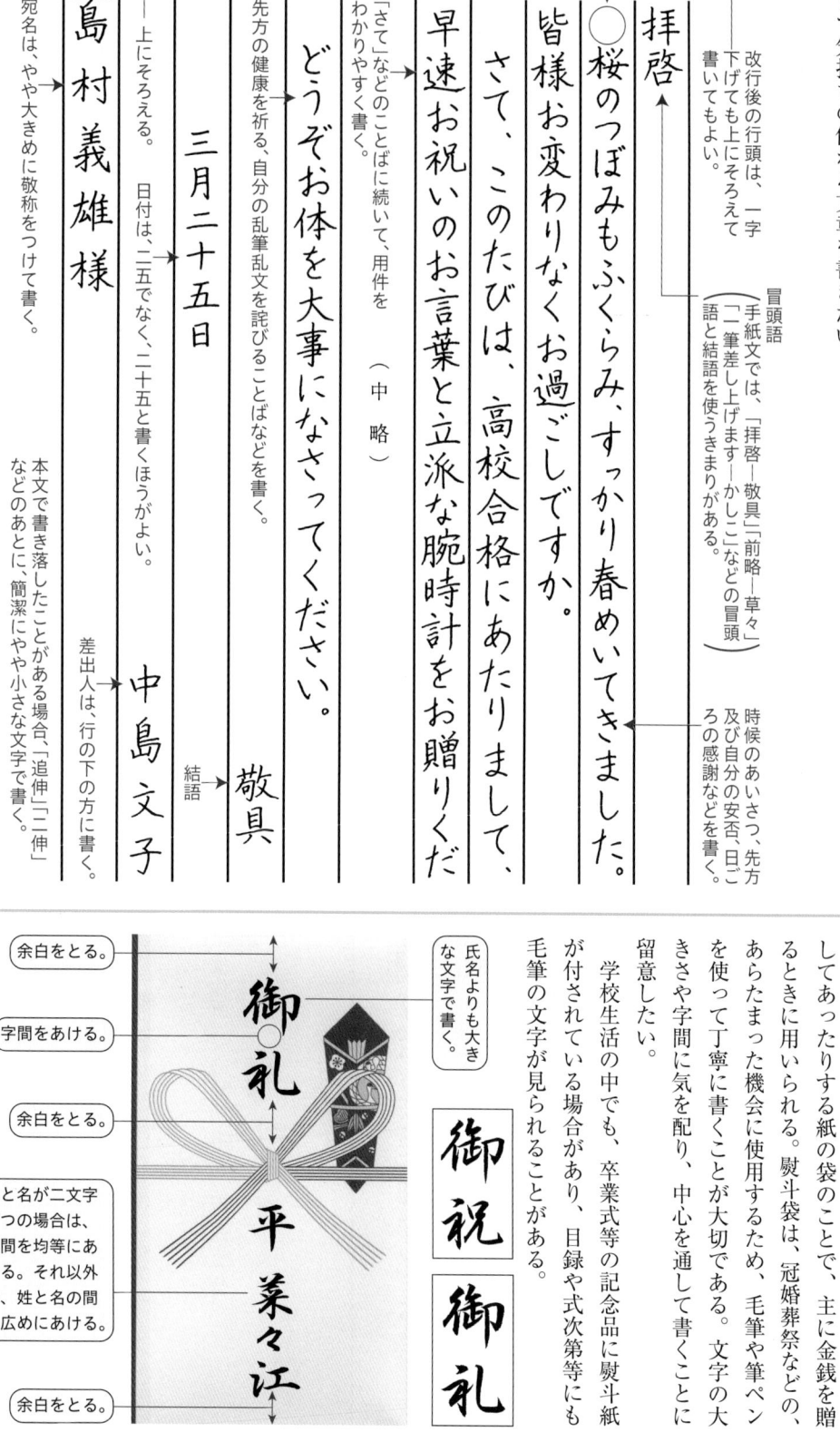

❹ 原稿用紙に書く

ア　縦書き

文字はマス目の真ん中に、適度な大きさで書くように心がける。

私たちのエコ活動

二年四組　永田　真奈美

　私たちの学校は、「地球にやさしい生活」をスローガンに、自分たちにもできる身近なエコ活動を行っています。整美委員会を中心としたゴミの分別は習慣になりました。今年度からは昼休みの消灯活動も始めました。

「消灯時間です。照明を消してください。」

　放送委員のアナウンスが流れると、昼休みの十分間、全ての教室で照明を消すのです。

- 表題は二～三文字下げて、一行目に書く。
- 氏名は末尾に一～二文字あけて、二行目に書く。
- 段落の始めは一文字分下げて、会話部分は行を改めて書く。
- 句読点や、かっこ（　）・かぎかっこ「　」・二重かぎかっこ『　』なども一文字分とって書く。行末に句読点がくる場合は、そのまま行末の枠内に収める。

イ　横書き

原則的には縦書きの場合と同じである。

クルミハムシの観察

5年1組　橋本　広大

「庭のクルミの木に、おもしろい虫がいるよ。
見に行ってごらん。」

　お父さんに言われて見に行くと、1cm位の小さな虫がクルミの葉っぱを食べていました。その虫は、全身がとてもきれいな黒色でつやつやしていました。そして、不思議なことに、おなかが丸くふくらんでいました。

- 数字は算用数字を用いる。二桁以上の数字は一マスに二文字入れる。

＊原稿用紙の書き方は、現在の小学校国語教科書に合わせた。

Ⅲ 資料編

小学校学習指導要領解説　国語編（書写）　抄録

（平成29年3月告示　文部科学省）

【目標】

言葉による見方・考え方を働かせ、言語活動を通して、国語で正確に理解し適切に表現する資質・能力を次のとおり育成することを目指す。

（1）日常生活に必要な国語について、その特質を理解し適切に使うことができるようにする。

（2）日常生活における人との関わりの中で伝え合う力を高め、思考力や想像力を養う。

（3）言葉がもつよさを認識するとともに、言語感覚を養い、国語の大切さを自覚し、国語を尊重してその能力の向上を図る態度を養う。

〔第1学年及び第2学年〕

ウ　書写に関する次の事項を理解し使うこと。

書写に関する（ア）、（イ）、（ウ）の事項を理解し使うことを示している。

（ア）姿勢や筆記具の持ち方を正しくして書くこと。

読みやすく整った文字を効率よく書くためには、姿勢と筆記具の持ち方を正しくして書くことが必要である。

姿勢とは、文字を書くときの体の構えのことである。背筋を伸ばした状態で体を安定させ、書く位置と目の距離を適度に取り、筆記具を持ったときに筆先が見えるようにすることが重要である。筆記具は、第1学年及び第2学年では主に鉛筆やフェルトペンを使用する。持ち方を正しくするには、人差し指と親指と中指の位置、手首の状態や鉛筆の軸の角度などを適切にすることが必要である。

姿勢と筆記具の持ち方は深く関連する。例えば、正面からでは筆先が見えないような持ち方で書く児童は、横から紙面をのぞき込む姿勢をとる。この状況で「背筋を伸ばす」といった指導のみが加えられた場合、児童は筆先を注視することなく文字を書くことになる。このようなことがないように関連性を考えて指導することが大切である。

（イ）点画の書き方や文字の形に注意しながら、筆順に従って丁寧に書くこと。

点画の始筆から送筆、さらに、終筆（とめ、はね、はらい）までを確実に書き、筆順に従って点画を積み重ねながら文字の形を形成していく過程を意識して書くことが大切である。そのように意識して書くことが読みやすい文字を丁寧に書こうとする態度を身に付けることにつながる。

点画とは、文字を構成する「横画、縦画、左払い、右払い、折れ、曲がり、そり、点」などのことである。漢字の構成要素を指すものであるが、仮名を構成する線についても併せて指導することとする。点画の書き方とは、点画の始筆から送筆、さらに、終筆（とめ、はね、はらい）までの筆記具の運び方のことである。特に点画の始筆と終筆の書き方に注意することが文字を丁寧に書くことと深く関わるので、書き方を意識しながら確実に書くようにすることが大切である。

文字の形とは、点画の積み重ねによって形成される文字のおおよその形（概形）のことである。極端にゆがんだ形を生まないように、児童には、文字のおおよその形を把握した上で書くように指導することが求められる。

筆順とは、文字を書き進める際の合理的な順序が習慣化したもののことである。学校教育で指導する筆順は、「上から下へ」、「左から右へ」、「横から縦へ」といった原則として一般に通用している常識的なものである。

（ウ）点画相互の接し方や交わり方、長短や方向などに注意して、文字を正しく書くこと。

点画相互の関係性は、正しく整った文字を実現するために理解しておかなければならないルールでもあるため、基準となる字形を見て理解することが求められる。

接し方や交わり方とは、二つの点画がどの位置で接したり交わったりすべきかといった点画相互の位置関係のことを指す。長短や方向とは、点画の長さや向きに関する点画相互の関係性のことである。例えば、「川」の場合、仮に一画目が他の二画に比べて長すぎたり、その方向が縦方向ではなくて横方向を向いていたりすると、その文字は「川」という文字としては認識されにくい。なお、接し方や交わり方、長短や方向は、文字の正誤に関わることから、漢字に関する事項の指導と関連を図りながら指導することが望ましい。

〔第3学年及び第4学年〕

エ　書写に関する次の事項を理解し使うこと。

第1学年及び第2学年のウを受けて、書写に関する（ア）、（イ）、（ウ）の事項を理解し使うことを示している。

（ア）文字の組立て方を理解し、形を整えて書くこと。

第1学年及び第2学年のウ（イ）及び（ウ）を受けて、一つの文字の組立て方を身に付けることを示している。

文字の組立て方とは、点画の組立て方から部首や部分相互の組立て方までを指すが、ここでは主に後者に重点を置いている。組立て方が簡単なものが多かった第1学年及び第2学年の漢字に比べて、第3学年及び第4学年では、組立て方が複雑な漢字が多くなる。そこで、部首と他の部分の組立て方、すなわち左と右、上と下、内と外などの関係において一つの文字が組み立てられるという仕組みを理解することを重視する。このため、「ウ　漢字が、へんやつくりなどから構成されていることについて理解すること。」との関連を図りながら指導することが必要である。

形を整えて書くとは、第1学年及び第2学年で指導した文字のおおよその形（概形）を意識するとともに、一つの文字の構成要素となる部分相互が等間隔であること、左右対称であること、同一方向であることなどを考えて書くことである。

（イ）漢字や仮名の大きさ、配列に注意して書くこと。

語句、文、文章などの文字の集まりにおける漢字や仮名の大きさや配列に注意して書くことを示している。

漢字や仮名の大きさとは、漢字と漢字、漢字と仮名、仮名と仮名との相互のつり合いから生じる相対的な大きさのことである。画数の多い文字ほど大きく書き、画数の少ない文字ほど小さく書くと、並べたときに読みやすい文字列になる。一般的に、仮名は漢字よりも小さく書くとよいと言われるのは、仮名が漢字よりも構成要素が少ないことによるものである。

配列に注意してとは、行の中心や行と行との間、文字と文字との間がそろっているかなど文字列及び複数の文字列に注意してということである。読みやすい文や文章を書くには、一文字一文字を整えることに加え、文字の集まりという面から整えることが重要である。したがって、書き出しの位置を決めること、行の中心に文字の中心をそろえるように書くことなどが求められる。字間、行間、行の中心を扱う配列の学習において、児童は、文や文章など文字数の多い教材で学習することになるため、毛筆を使用する場合は、小筆の使用にも配慮する必要がある。

（ウ）毛筆を使用して点画の書き方への理解を深め、筆圧などに注意して書くこと。

第1学年及び第2学年のウ（イ）を受けて、毛筆を使用して点画の書き方への理解を深め、筆圧などに注意しながら書くことを示している。

「横画、縦画、左払い、右払い、折れ、曲がり、そり、点」などの点画の種類や「始筆、送筆、終筆」などの書き方については、第1学年及び第2学年で硬筆等を使用して基礎的な学習をしている。ここでは、点画やその書き方が毛筆を使用する中で定式化してきたという点に着目し、毛筆による学習を通して点画や点画の書き方への理解を一層深めて書けるようにする。

筆圧とは、筆記具から用紙に加わる力のことである。点画には、左右の払いのように筆圧を変化させて書くものや、横画のようにほぼ等しい筆圧で書くものがある。その意味で点画の種類を理解することと呼応しており、点画の書き方と筆圧とを関連付けることを重視する必要がある。例えば、送筆については、筆圧のかけ方に変化が少ない場合（横画、縦画など）、徐々に筆圧を弱めていく場合（左払い、右払い、はねの部分など）、穂先の位置が移動する場合（折れ、曲がり、そりなど）などがある。終筆については、止めの形で終わる場合（横画、縦画など）、払いの形で終わる場合（左払い、右払いなど）、はねの形で終わる場合（そり、曲がり、縦画など）などがある。なお、筆圧は、筆記具を握る力と連動することが多いので、第1学年及び第2学年の「姿勢や筆記具の持ち方」に関する事項ウ（ア）との関連を図りながら指導を進める配慮も必要である。

〔第5学年及び第6学年〕

エ　書写に関する次の事項を理解し使うこと。

第3学年及び第4学年のエを受けて、書写に関する（ア）、（イ）、（ウ）の事項を理解し使うことを示している。

（ア）用紙全体との関係に注意して、文字の大きさや配列などを決めるとともに、書く速さを意識して書くこと。

第3学年及び第4学年のエ（イ）を受けて、文や文章などの文字の集まりにおける文字の大きさや配列の決定、書く速さの意識化を図ることを示している。書く速さの意識化は、中学校における行書の指導への橋渡しという位置付けになる。

用紙全体との関係の用紙とは、原稿用紙や便箋などの書式に対応した用紙、半紙、画用紙や模造紙などの白紙に始まり、それらに準ずる布や金属、ガラスなどといった用材全般のことを指す。

文字の大きさは、第3学年及び第4学年のエ（イ）の「漢字や仮名の大きさ」と関連している。第3学年及び第4学年までは、漢字より仮名は小さく書くといった文字相互の相対的な大きさの関係であったのに対して、第5学年及び第6学年では、主に用紙全体との関係から判断される文字の大きさを指している。例えば、用紙全体からはみださずに書く、逆に余白をつくり過ぎずに書く、また、用紙の中で見出しの文字を目立たせる、地の文章の文字は控えめに見せるといったようなことである。

配列も同じように、第3学年及び第4学年のエ（イ）の「配列」と関連している。第3学年及び第4学年までは、「配列」が、字間は均等にする、行の中心はそろえる、行間は均等にするという一般的なものであったのに対して、第5学年及び第6学年では、用紙全体との関係から考えられる文字の位置、字間、行間などの効果的な在り方に重点を置いている。

書く速さを意識してとは、書く場面の状況によって速さが決まってくることを意識することである。速く書くことが求められるだけでなく、ゆっくりと丁寧に書くことが求められる場面もある。例えば、聞き取りメモや板書の視写をするといった時間が限定されている場面では、ある程度の速さが求められる。自分の持ち物に名前を書く場面や目上の人に手紙を書く場面などでは、ゆっくりと丁寧に書くことが求められる。

（イ）毛筆を使用して、穂先の動きと点画のつながりを意識して書くこと。

第3学年及び第4学年のエ（ウ）を受けて、毛筆を使用して穂先の動きと点画のつながりを意識して書くことを示している。

穂先の動きについては、第3学年及び第4学年のエ（ウ）で、横画・縦画や左右の払いなどの点画の種類ごとにある一定の穂先の動きを指導している。ここでは、点画の中での穂先の動きだけでなく、点画から点画へ、さらには、文字から文字へと移動していく過程に重点を置く。したがって、「穂先の動き」と「点画のつながり」とは一体化した事項と言える。

また、穂先の柔軟さが書写する際の筆圧を吸収し、強弱のあるリズミカルな運筆を可能にするという毛筆という用具の特性を生かして、書き始めから書き終わりまでを無理なくつないで書き進める効率よい書写のリズムを習得させるようにする。また、点画相互、文字相互のつながりという点では、小筆や筆ペンなどを使用して、日常で文字を書く条件に近づけることが求められる。

(ウ) 目的に応じて使用する筆記具を選び、その特徴を生かして書くこと。

手書きの慣習に関わる文字文化に関する事項として位置付けられる。

目的に応じての目的は、生活や学習活動において文字を書く様々な場面における目的のことである。例えば、全校児童に伝えるために大きく読みやすく書くことや、お世話になった人にお礼の気持ちを伝えるために丁寧に整った文字で書くことなどである。

筆記具を選びの筆記具は、鉛筆、フェルトペン、毛筆、ボールペン、筆ペンなどから選択することが考えられる。これらの筆記具に適した用材の選択にも配慮する必要がある。その特徴を生かしての特徴は、筆記具全体の形状、書く部分の材質や形状、色などである。例えば、横断幕を書くときには、大きく書ける毛筆と墨で書きやすい布を選ぶことが考えられる。

指導計画の作成と内容の取扱い

＊書写に関する事項の取扱いを示している。

(ア) 文字を正しく整えて書くことができるようにするとともに、書写の能力を学習や生活に役立てる態度を育てるよう配慮すること。

(ア) は、書写の指導におけるねらいを明確にしたものである。文字を正しく整えて書くことができるようにすることに加えて、書写の学習で身に付けた資質・能力を、各教科等の学習や生活の様々な場面で積極的に生かす態度を育成することを求めている。様々な場面とは、例えば、学習した内容をノートに書いたり調べたことを模造紙にまとめたりすること、親しい人に手紙を書くことなどが考えられる。また、我が国の伝統文化である書き初めに取り組むことなどを通して、書写の能力が生活の中の様々な行事に生きていることを実感することも大切である。

(イ) 硬筆を使用する書写の指導は各学年で行うこと。

(イ) は、硬筆を使用する書写の指導は各学年で行うことを示している。必要に応じて、取り立てて指導したり〔思考力、判断力、表現力等〕に示す事項と関連付けて指導したりして、確実に実施することが必要である。

(ウ) 毛筆を使用する書写の指導は第3学年以上の各学年で行い、各学年年間30単位時間程度を配当するとともに、毛筆を使用する書写の指導は硬筆による書写の能力の基礎を養うよう指導すること。

(ウ) は、毛筆を使用する書写の指導に配当する授業時数は、第3学年以上に年間30単位時間程度とすることを示している。指導計画を作成するに当たっては、毛筆と硬筆とを相互に関連させた指導を工夫する必要がある。

毛筆を使用する書写の指導は硬筆による書写の能力の基礎を養うよう指導するとあるのは、毛筆を使用して書写の指導を行うことのねらいを明確にしたものである。毛筆を使用する書写の指導が、毛筆書写の能力の育成で完結してしまわないように、毛筆と硬筆との関連的な指導を一層工夫することを求めている。毛筆で文字を正しく整えて書くことができるようにすることは、日常生活における硬筆による書写の能力を高める基礎となる。また、このことは、我が国の豊かな文字文化を理解し、継承、創造していくための基礎ともなる。

(エ) 第1学年及び第2学年の (3) のウの (イ) の指導については、適切に運筆する能力の向上につながるよう、指導を工夫すること。

(エ) は、第1学年及び第2学年の〔知識及び技能〕の (3) ウ (イ) における「点画の書き方や文字の形に注意しながら」書くことの指導について、適切に運筆する能力の向上につながるよう、指導を工夫することを示している。水書用筆《すいしょようひつ》等を使用した運筆指導を取り入れるなど、早い段階から硬筆書写の能力を高めるための関連的な指導を工夫することが望ましい。水書用筆《すいしょようひつ》は、扱いが簡便で弾力性に富み、時間の経過とともに筆跡が消えるという特性をもっている。その特性を生かして、「点画」の始筆から、送筆、終筆（とめ、はね、はらい）までの一連の動作を繰り返し練習することは、学習活動や日常生活において、硬筆で適切に運筆する習慣の定着につながる。また、水書用筆《すいしょようひつ》等を使用する指導は、第3学年から始まる毛筆を使用する書写の指導への移行を円滑にすることにもつながる。

中学校学習指導要領解説　国語編（書写）　抄録

（平成29年3月告示　文部科学省）

【目標】

言葉による見方・考え方を働かせ、言語活動を通して、国語で正確に理解し適切に表現する資質・能力を次のとおり育成することを目指す。

（1）社会生活に必要な国語について、その特質を理解し適切に使うことができるようにする。

（2）社会生活における人との関わりの中で伝え合う力を高め、思考力や想像力を養う。

（3）言葉がもつ価値を認識するとともに、言語感覚を豊かにし、我が国の言語文化に関わり、国語を尊重してその能力の向上を図る態度を養う。

〔第1学年〕

エ　書写に関する次の事項を理解し使うこと。

小学校の各学年における書写に関する事項を受けて、書写に関する（ア）、（イ）の事項を理解し使うことを示している。

（ア）字形を整え、文字の大きさ、配列などについて理解して、楷書で書くこと。

様々な場面に応じて楷書で書くことを示している。

字形を整え、文字の大きさ、配列などについて理解するとは、書こうとする文字の字形を整えること、紙面全体に対してそれぞれの文字の大きさや書くべき位置を考えて調和的に割り当てること、文字と文字との間の空け方や行の中心の取り方、行と行の間の空け方などについての具体的な方法や効果を理解することであり、実際に文字を書く場面で使えるようにすることが重要である。

小学校で段階的に学習してきた字の形や大きさ、配列などに関する指導事項を踏まえ、〔思考力、判断力、表現力等〕の指導との関連を図り、国語科をはじめとする各教科等の学習や生活における活用場面を見通して、学習活動や教材を工夫することなども大切である。また、筆記具についても、硬筆や毛筆などを適切に選択したり組み合わせたりすることが求められる。

（イ）漢字の行書の基礎的な書き方を理解して、身近な文字を行書で書くこと。

行書は、中学校で初めて指導する内容である。小学校における書く速さや点画のつながりについての学習を踏まえ、中学校では、社会生活における言語活動に必要な書写の能力を養うため、速く書くことが求められる。そこで、第1学年では、楷書よりも速く書くことのできる行書の基礎的な書き方を指導する。

漢字の行書の基礎的な書き方とは、直線的な点画で構成されている漢字を、点や画の形が丸みを帯びる場合があること、点や画の方向及び止め・はね・払いの形が変わる場合があること、点や画が連続したり省略されたりする場合があること、筆順が変わる場合があることなどといった行書の特徴を伝統的な文字文化とも関連させながら理解して書くことを意味している。身近な文字を行書で書くとは、そうした行書の基礎的な書き方を理解し、学習や生活の中で使用頻度の高い語句などについて書くことである。

字形の整え方、運筆の際の筆圧のかけ方、筆脈を意識した点画のつながりなどを身に付けさせるために、毛筆の活用に配慮する必要がある。また、生徒自らが行書の特徴に気付き、どのようにすればこれらの特徴を生かした書き方ができるのかを考え、身近な文字を書く活動に積極的に役立てるような、主体的な学習がなされるように配慮することも重要である。

〔第2学年〕

ウ　書写に関する次の事項を理解し使うこと。

小学校の各学年における書写に関する事項及び中学校第1学年のエを受けて、書写に関する（ア）、（イ）の事項を理解し使うことを示している。

（ア）漢字の行書とそれに調和した仮名の書き方を理解して、読みやすく速く

書くこと。

漢字の行書とそれに調和した仮名の書き方を理解すること、その上で、行書の文字に書き慣れ、読みやすく速く書くことを示している。

漢字の行書とそれに調和した仮名の書き方を理解するとは、点画の丸み、点画の方向や形の変化、点画の連続、点画の省略などといった行書の特徴に調和する仮名の書き方を理解することである。特に、平仮名は、そうした行書の特徴に調和させやすい特徴をもつが、小学校から身に付けてきた楷書に調和する平仮名の書き方を踏まえ、一層筆脈を意識して書くことが必要である。

読みやすく速く書くこととは、漢字の行書とそれらに調和した仮名の書き方に慣れさせ、文や文章を効率よく速く書くことであり、国語科をはじめとする各教科等の学習や社会生活における言語活動に必要な書写の能力である。また、読みやすくするとは、読み手への伝達を意識することである。このためには、書式などを意識し、第1学年で学習した字形、文字の大きさ、配列などに配慮することも必要である。

指導に当たっては、文字文化の視点とも関連させながら、例えば、行書に関して気が付いたことや分かったことなどについて考えたり、まとめたりする活動を取り入れることが考えられる。また、毛筆の弾力性や柔軟性という特質を生かして、行書特有の筆脈の連続や運筆のリズムを理解するようにするなど、指導を工夫することが有効である。

(イ) 目的や必要に応じて、楷書又は行書を選んで書くこと。

目的や必要に応じて書体を選んで書くことを示している。目的や必要に応じるとは、国語科をはじめとする各教科等の学習や社会生活における文字を書く目的や必要に応じて、その書体や筆記具を選択しつつ効果的な文字の書き方を工夫することである。メモやノート、届け出の書類、願書、会議録、ポスターや掲示物、はがきや封書といった様々な書式に合わせて、適切な字形や書体、筆記具で書くことを求めている。その際、読み手や伝える相手を意識して書くことにも配慮する必要がある。

楷書又は行書を選んで書くこととは、学習や生活における様々な場面において、楷書で書いた方がよい場合と行書で書いた方がよい場合とがあることを踏まえ、習得した書体に関する知識及び技能を目的や必要に応じて主体的に選択し、書くことである。

目的や必要に応じて書くことを文字文化として享受し、自らも社会生活において実践するに当たっては、小学校第5学年及び第6学年のエ(ウ)の指導事項との接続も重視する必要がある。読み手や伝える相手を意識し、文字による表現や伝達の効果などを高めるために、文字の書き方はもとより、毛筆や硬筆などの筆記具などの選択について工夫することも大切である。

〔第3学年〕

エ　書写に関する次の事項を理解し使うこと。

小学校の各学年における書写に関する事項及び中学校第1学年のエ、第2学年のウを受けて、書写に関する(ア)の事項を理解し使うことを示している。

(ア) 身の回りの多様な表現を通して文字文化の豊かさに触れ、効果的に文字を書くこと。

自分の身の回りにある多様な表現を通して文字文化の豊かさに触れ、その理解を基に表現の効果を考えながら文字を書くことを示している。

文字文化とは、上代から近現代まで継承され、現代において実社会・実生活の中で使われている文字の文化であり、我が国の伝統や文化の中で育まれてきたものである。文字文化には、文字の成り立ちや歴史的背景といった文字そのものの文化と、社会や文化における文字の役割や意義、表現と効果、用具・用材と書き方との関係といった文字を書くことについての文化の両面がある。身の回りの多様な表現とは、身の回りの生活の中にある言葉に関する多様な表現のことである。文字の表現について言えば、手書き文字をはじめ、活字やイラスト文字、デザイン文字などの社会生活で使用されている多様な書体や字形の文字全般のことである。そうした身の回りの多様な表現を通して文字文化の豊かさに触れさせることで、文字を手書きすることの意義に気付かせ、併せて、文字文化に関する認識を改めて形成させるとともに、主体的な文字の使い手になるきっかけをもたせることを求めている。また、多様な文字やその表現の在り方に関心をもたせることで、文字の芸術性に関心を向ける素地を養い、高等学校芸術科書道への接続も見通している。

効果的に文字を書くとは、文字の伝達性や表現性などを考えながら目的や必要に応じて書くことである。身の回りの多様な表現に関心をもちながら、字形を正しく整える能力、配列などを整える能力、速く書く能力、楷書や行書を使い分ける能力、筆記具などを選択する能力など、小学校からこれまでに身に付けてきた書写の能力を総合的に発揮させ、実社会・実生活の中で文字を書くことを工夫し、様々に書き分けることができるように指導する。

＊書写に関する事項の取扱いを示している。

指導計画の作成と内容の取扱い

（ア）文字を正しく整えて速く書くことができるようにするとともに、書写の能力を学習や生活に役立てる態度を育てるよう配慮すること。

（ア）は、書写の指導におけるねらいを明確にしたものである。中学校では、文字を正確に読みやすく書くことができるという、文字の伝達性を重視した指導が求められる。その際、正しく整えてはひとまとまりの言葉であるとして考える必要がある。また、速くは、中学校における書写の中心的な学習内容となる漢字の行書及びそれに調和した仮名を書くことのねらいである。漢字の楷書及びそれに調和した仮名についても、正しく整えて速く書くことができるようにすることが必要である。

その上で、書写の学習で身に付けた資質・能力を、各教科等の学習や生活の様々な場面で積極的に生かす態度を育成することを求めている。様々な場面とは、例えば、学習した内容をノートに書いたり調べたことを模造紙にまとめたりすること、親しい人に手紙を書くことなどが考えられる。また、我が国の伝統文化である書き初めに取り組むことなどを通して、書写の能力が生活の中の様々な行事に生きていることを実感することも大切である。

（イ）硬筆を使用する書写の指導は各学年で行うこと。

（ウ）毛筆を使用する書写の指導は各学年で行い、硬筆による書写の能力の基礎を養うよう指導すること。

（イ）及び（ウ）は、硬筆及び毛筆を使用する書写の指導は各学年で行うことを示している。その上でウは、毛筆を使用する書写の指導が、硬筆による書写の能力の基礎を養うことをねらいとしていることを明確にしたものである。このことは、我が国の豊かな文字文化を理解し、継承、創造していくための基礎ともなる。硬筆による書写の能力の基礎を養うために、毛筆による書写の指導が一層効果的に働くことが求められる。また、各学年に示した書写の授業時数に応じて、毛筆を使用する書写の指導と硬筆を使用する書写の指導との割合を各学校と生徒の実態に即して、適切に設定することが求められる。

（エ）書写の指導に配当する授業時数は、第1学年及び第2学年では年間20単位時間程度、第3学年では年間10単位時間程度とすること。

（エ）では、書写の配当時数について、第1学年及び第2学年では年間20単位時間程度、第3学年では年間10単位時間程度とすることを示している。指導計画の作成に当たり、書写の指導を取り上げて計画する場合には、〔知識及び技能〕や〔思考力、判断力、表現力等〕の指導と関連させた指導計画になるよう配慮することが重要である。

高等学校学習指導要領　芸術科書道Ⅰ　抄録

（平成30年3月告示　文部科学省）

書道Ⅰ

1　目標

書道の幅広い活動を通して、書に関する見方・考え方を働かせ、生活や社会の中の文字や書、書の伝統と文化と幅広く関わる資質・能力を次のとおり育成することを目指す。

(1) 書の表現の方法や形式、多様性などについて幅広く理解するとともに、書写能力の向上を図り、書の伝統に基づき、効果的に表現するための基礎的な技能を身に付けるようにする。

(2) 書のよさや美しさを感受し、意図に基づいて構想し表現を工夫したり、作品や書の伝統と文化の意味や価値を考え、書の美を味わい捉えたりすることができるようにする。

(3) 主体的に書の幅広い活動に取り組み、生涯にわたり書を愛好する心情を育むとともに、感性を高め、書の伝統と文化に親しみ、書を通して心豊かな生活や社会を創造していく態度を養う。

2 内容

A 表現

表現に関する資質・能力を次のとおり育成する。

(1) 漢字仮名交じりの書

漢字仮名交じりの書に関する次の事項を身に付けることができるよう指導する。

ア 知識や技能を得たり生かしたりしながら、次の（ア）から（ウ）までについて構想し工夫すること。

（ア）漢字と仮名の調和した字形、文字の大きさ、全体の構成

（イ）目的や用途に即した表現形式、意図に基づいた表現

（ウ）名筆を生かした表現や現代に生きる表現

イ 次の（ア）及び（イ）について理解すること。

（ア）用具・用材の特徴と表現効果との関わり

（イ）名筆や現代の書の表現と用筆・運筆との関わり

ウ 次の（ア）及び（イ）の技能を身に付けること。

（ア）目的や用途に即した効果的な表現

（イ）漢字と仮名の調和した線質による表現

(2) 漢字の書

漢字の書に関する次の事項を身に付けることができるよう指導する。

ア 知識や技能を得たり生かしたりしながら、次の（ア）及び（イ）について構想し工夫すること。

（ア）古典の書体や書風に即した用筆・運筆、字形、全体の構成

（イ）意図に基づいた表現

イ 次の（ア）及び（イ）について理解すること。

（ア）用具・用材の特徴と表現効果との関わり

（イ）書体や書風と用筆・運筆との関わり

ウ 次の（ア）及び（イ）の技能を身に付けること。

（ア）古典に基づく基本的な用筆・運筆

（イ）古典の線質、字形や構成を生かした表現

(3) 仮名の書

仮名の書に関する次の事項を身に付けることができるよう指導する。

ア 知識や技能を得たり生かしたりしながら、次の（ア）及び（イ）について構想し工夫すること。

（ア）古典の書風に即した用筆・運筆、字形、全体の構成

（イ）意図に基づいた表現

イ 次の（ア）及び（イ）について理解すること。

（ア）用具・用材の特徴と表現効果との関わり

（イ）線質や書風と用筆・運筆との関わり

ウ 次の（ア）及び（イ）の技能を身に付けること。

（ア）古典に基づく基本的な用筆・運筆

（イ）連綿と単体、線質や字形を生かした表現

B 鑑賞

鑑賞に関する資質・能力を次のとおり育成する。

(1) 鑑賞

鑑賞に関する次の事項を身に付けることができるよう指導する。

ア　鑑賞に関わる知識を得たり生かしたりしながら、次の（ア）及び（イ）について考え、書のよさや美しさを味わって捉えること。

（ア）作品の価値とその根拠

（イ）生活や社会における書の効用

イ　次の（ア）から（エ）までについて理解すること。

（ア）線質、字形、構成等の要素と表現効果や風趣との関わり

（イ）日本及び中国等の文字と書の伝統と文化

（ウ）漢字の書体の変遷、仮名の成立等

（エ）書の伝統的な鑑賞の方法や形態

〔共通事項〕

表現及び鑑賞の学習において共通に必要となる資質・能力を次のとおり育成する。

(1)「A表現」及び「B鑑賞」の指導を通して、次の事項を身に付けることができるよう指導する。

ア　用筆・運筆から生み出される書の表現性とその表現効果との関わりについて理解すること。

イ　書を構成する要素について、それら相互の関連がもたらす働きと関わらせて理解すること。

3　内容の取扱い

(1)　内容の「A表現」及び「B鑑賞」の指導については、それぞれ特定の活動のみに偏らないようにするとともに、「A表現」及び「B鑑賞」相互の関連を図るものとする。

(2)　内容の「A表現」の(1)、(2)及び(3)の指導については、それぞれア、イ及びウの各事項を、「B鑑賞」の(1)の指導については、ア及びイの各事項を適切に関連させて指導する。

(3)　内容の「A表現」の(1)については漢字は楷書及び行書、仮名は平仮名及び片仮名、(2)については楷書及び行書、(3)については平仮名、片仮名及び変体仮名を扱うものとし、また、(2)については、生徒の特性等を考慮し、草書、隷書及び篆《てん》書を加えることもできる。

(4)　内容の「A表現」の(2)及び(3)については、臨書及び創作を通して指導するものとする。

(5)　内容の〔共通事項〕は、表現及び鑑賞の学習において共通に必要となる資質・能力であり、「A表現」及び「B鑑賞」の指導と併せて、十分な指導が行われるよう工夫する。

(6)　内容の「A表現」の指導に当たっては、篆《てん》刻、刻字等を扱うよう配慮するものとする。

(7)　内容の「A表現」の指導に当たっては、中学校国語科の書写との関連を十分に考慮するとともに、高等学校国語科との関連を図り、学習の成果を生活に生かす視点から、目的や用途に応じて、硬筆も取り上げるよう配慮するものとする。

(8)　内容の「B鑑賞」の(1)のイの（ウ）の指導に当たっては、漢字仮名交じり文の成立について取り上げるようにする。

(9)　内容の「A表現」及び「B鑑賞」の指導に当たっては、思考力、判断力、表現力等の育成を図るため、芸術科書道の特質に応じた言語活動を適切に位置付けられるよう指導を工夫する。なお、内容の「B鑑賞」の指導に当たっては、作品について根拠をもって批評する活動などを取り入れるようにする。

(10)　内容の「A表現」及び「B鑑賞」の指導に当たっては、書道の諸活動を通して、生徒が文字や書と生活や社会との関わりを実感できるよう指導を工夫する。

(11)　自己や他者の著作物及びそれらの著作者の創造性を尊重する態度の形成を図るとともに、必要に応じて、書に関する知的財産権について触れるようにする。また、こうした態度の形成が、書の伝統と文化の継承、発展、創造を支えていることへの理解につながるよう配慮する。

高等学校学習指導要領解説　国語編　抄録

（平成30年３月告示　文部科学省）

現代の国語

＊「現代の国語」より「書写」関連を抜粋

4　内容の取扱い

(3)　内容の〔思考力、判断力、表現力等〕に関する指導については、次の事項に配慮するものとする。

イ　「B書くこと」に関する指導については、中学校国語科の書写との関連を図り、効果的に文字を書く機会を設けること。

身の回りの多様な表現に関心をもちながら、字形を正しく整える能力、配列などを整える能力、速く書く能力、楷書や行書を使い分ける能力など、中学校までに身に付けてきた書写の能力を総合的に発揮させ、実社会・実生活の中で文字を書くことを工夫し、様々に書き分けることができるよう、効果的に文字を書く機会を積極的に設けることが大切である。

情報化社会が進展している状況にあっても、実社会や実生活の中で文字を書く機会は多い。また、電子文書を作成する場合にも、字形や字体の選択、レイアウトなど、書写で身に付けた能力を活用することが求められる。こうした際にも、文字を効果的に書く意味や役割を併せて考えさせたい。

言語文化

＊「言語文化」より「書写」関連を抜粋

〔知識及び技能〕

(2)　我が国の言語文化に関する次の事項を身に付けることができるよう指導する。

エ　時間の経過や地域の文化的特徴などによる文字や言葉の変化について理解を深め、古典の言葉と現代の言葉とのつながりについて理解すること。

中学校第３学年のウを受けて、時間の経過や地域の文化的特徴などによる文字や言葉の変化について理解を深め、古典の言葉と現代の言葉とのつながりについて理解することを示している。

時間の経過による文字の変化については、まず中国から借りてきた漢字のみを用いて書くことから始まり、やがて漢字を省略したり崩したりした片仮名、平仮名を漢字とともに組み合わせて用いるようになった。このことは文字だけに限らず、語彙や文体にも大きな変化をもたらした。（中略）

以上のような変化のほか、例えば、旧字体を新字体に改めたり、現代仮名遣いを制定したりするなどして、人為的に文字や言葉を変えてきたことを理解することも必要である。

なお、文字の変化については、第３款の１の(4)に示している「中学校国語科との関連」のうち、特に中学校第３学年の〔知識及び技能〕の(3)のエの「(ア)身の回りの多様な表現を通して文字文化の豊かさに触れ、効果的に文字を書くこと。」との関連を十分に図ることが重要である。

4　内容の取扱い

(3)　内容の〔思考力、判断力、表現力等〕に関する指導については、次の事項に配慮するものとする。

ア　「A書くこと」に関する指導については、中学校国語科の書写との関連を図り、効果的に文字を書く機会を設けること。

「言語文化」の「A書くこと」に関する指導については、科目の性格を踏まえ、書く学習活動を通して、書くことに臨む姿勢や相手への思いが書かれた文字から伝わることを背景に文字文化が受け継がれてきたことを踏まえて、効果的に文字を書くことの意味や価値を理解することが大切である。

中学校国語科の書写での学習内容を踏まえ、さらに、社会で通用する様々な書式のきまりや、相手や目的に応じて書くことの大切さを学習することを通じて、自らの生活や社会に生かすことができるよう、また、文字文化の担い手としての自覚をもつことができるよう、効果的に文字を書く機会を積極的に設けることが大切である。

文字と書体の変遷

六書《りくしょ》について (1)

漢字の造字法に関するもの		
象形	物の姿や形を略画的にかたどって作る方法。	日 月 木 女 山 鳥
指事	絵画的にかたどれない事柄を、点や線などを組み合わせたり、象形文字に符号を加えて指し示すなどして作る方法。	一 二 三 立 天 刃
会意	二つ以上の文字の意味を組み合わせて、別の新しい意味を表す文字にする方法。	明 鳴 筆 炎 森 品
形声	意味を表す文字と、音を表す文字とを組み合わせて、新しい意味を表す文字にする方法。	河 泳 鈴 問 枯 校

甲骨文字
金文
篆書
隷書
楷書
行書
草書
書
体
水＋工（音符）
手＋寺（音符）
安（音符）＋木

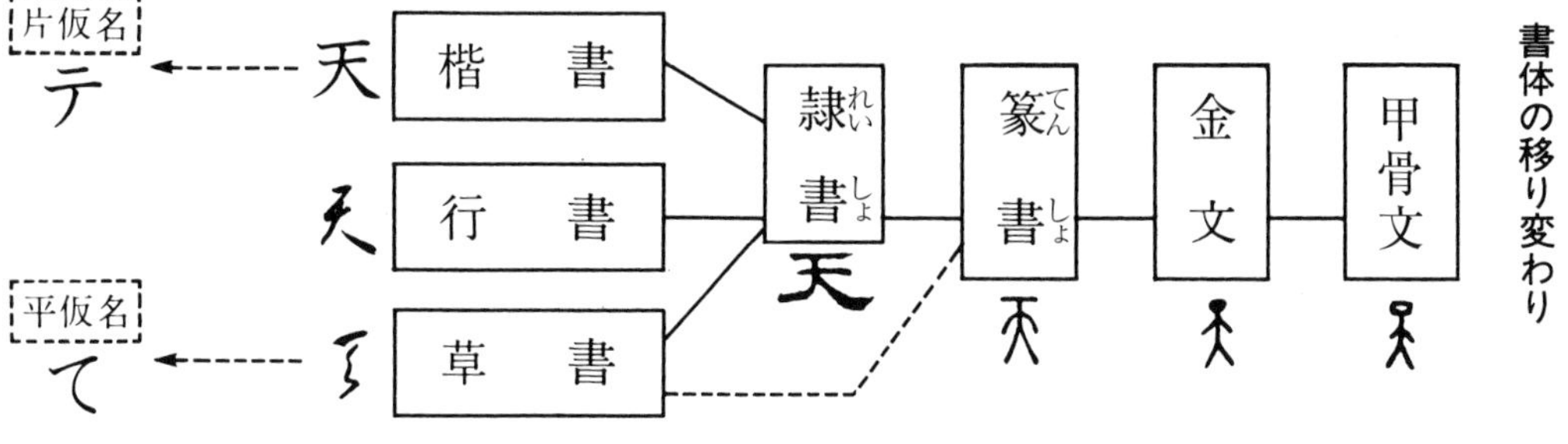

書体の移り変わり
甲骨文
金文
篆《てん》書《しょ》
隷《れい》書《しょ》
楷書
行書
草書
片仮名
テ
平仮名
て

六書について(2)

漢字の転用法	転注	仮借
	既成の漢字を転用して用い、意味内容を広げる方法。異説もある。	既成の漢字の発音を借用して、別の意味を表すのに用いる方法。

書体				
甲骨文字				亜米利加《アメリカ》・巴里《パリ》など
金文				
篆書	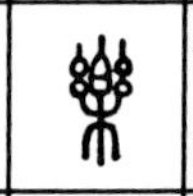			
楷書	楽（樂）	悪（惡）	我	
	ガク＝音楽→楽しい＝ラク	アク＝わるい→にくむ＝オ	ガ＝鋸歯《のこぎりば》のある戈《ほこ》の形→われ（一人称代名詞）	

活字の書体

木版	
不思 〈鉄眼版一切経《てつげんばんいっさいきょう》〉 一六八一年	交 〈康熙《こうき》字典・親字〉 一七一六年

活版・写真植字の例

明朝体	十水見心	宋朝体	十水見心
ゴシック体	十水見心	清朝体	十水見心
丸ゴシック体	十水見心	正楷書体	十水見心
教科書体	十水見心	隷書体	十水見心
ナール	十水見心	行書体	十水見心

平仮名の活字の例

明朝体	アンチック体	ゴシック体	丸ゴシック体	教科書体	ファンテール	ナール
あ	あ	あ	あ	あ	あ	あ
さ	さ	さ	さ	さ	さ	さ
な	な	な	な	な	な	な

(4) はらうか，とめるかに関する例

奥－奥 奥　公－公 公

角－角 角　骨－骨 骨

(5) はねるか，とめるかに関する例

切－切 切 切　改－改 改 改

酒－酒 酒　陸－陸 陸 陸　穴－穴 穴 穴

木－木 木　来－来 来

糸－糸 糸　牛－牛 牛　環－環 環

(6) その他

令－令 令　外－外 外 外

女－女 女　叱－叱 叱 叱

3　筆写の楷書字形と印刷文字字形の違いが，字体の違いに及ぶもの

以下に示す例で，括弧内は印刷文字である明朝体の字形に倣って書いたものであるが，筆写の楷書ではどちらの字形で書いても差し支えない。なお，括弧内の字形の方が，筆写字形としても一般的な場合がある。

(1) 方向に関する例

淫－淫（淫）　恣－恣（恣）

煎－煎（煎）　嘲－嘲（嘲）

溺－溺（溺）　蔽－蔽（蔽）

(2) 点画の簡略化に関する例

葛－葛（葛）　嗅－嗅（嗅）

僅－僅（僅）　餌－餌（餌）

箋－箋（箋）　塡－塡（塡）

賭－賭（賭）　頰－頰（頰）

(3) その他

惧－惧（惧）　稽－稽（稽）

詮－詮（詮）　捗－捗（捗）

剝－剝（剝）　喩－喩（喩）

漢字の字体と書写の楷書

『常用漢字表』「(付) 字体についての解説」から　　（平成22年11月30日内閣告示）

第２　明朝体と筆写の楷書との関係について

常用漢字表では，個々の漢字の字体(文字の骨組み)を，明朝体のうちの一種を例に用いて示した。このことは，これによって筆写の楷書における書き方の習慣を改めようとするものではない。字体としては同じであっても，１，２に示すように明朝体の字形と筆写の楷書の字形との間には，いろいろな点で違いがある。それらは，印刷文字と手書き文字におけるそれぞれの習慣の相違に基づく表現の差と見るべきものである。

さらに，印刷文字と手書き文字におけるそれぞれの習慣の相違に基づく表現の差は，３に示すように，字体（文字の骨組み）の違いに及ぶ場合もある。

以下に，分類して，それぞれの例を示す。いずれも「明朝体─手書き（筆写の楷書）」という形で，左側に明朝体，右側にそれを手書きした例を示す。

１　明朝体に特徴的な表現の仕方があるもの

(1) 折り方に関する例

衣－衣　去－去　玄－玄

(2) 点画の組合せ方に関する例

人－人　家－家　北－北

(3)「筆押さえ」等に関する例

芝－芝　史－史　入－入　八－八

(4) 曲直に関する例

子－子　手－手　了－了

(5) その他

辶・辶－辶　𥫗－𥫗　心－心

２　筆写の楷書では，いろいろな書き方があるもの

(1) 長短に関する例

雨－雨雨　戸－戸戸戸　無－無無

(2) 方向に関する例

風－風風　比－比比　仰－仰仰

糸－糸糸　ネ－ネネ　衤－衤衤

主－主主　言－言言言　年－年年年

(3) つけるか，はなすかに関する例

又－又又　文－文文　月－月月

条－条条　保－保保

第四学年 (202字)	参笑選的必満老 察松戦底飛末連 刷初浅低飯牧例 札順説兆阪望冷 昨祝節沖博法令 崎周折仲梅包類 材種積置敗便輪 埼借席単念変量 最失静達熱辺料 菜鹿清隊梨別良 差辞省帯奈兵陸 佐滋成孫栃副利 康治井卒徳富浴 候児信続特阜養 香試臣側働府要 好司縄束灯付勇 功氏城巣努夫約 固残照倉徒不無 験散焼争伝標民録 健産唱然典票未労
第五学年 (193字)	快居耕賛序接張肥貿 過救厚酸準績貯比防 河旧効雑術責築版豊 価久護殺述税断判報 仮逆個罪修製団犯墓 可義故財授精態破保 桜技減在謝勢貸能弁 往喜現際舎政損燃編歴 応規限採質性率任粉領 演寄検妻識制属独仏留 液基険災似職測毒複略 益紀件再示織則得復容 易眼潔査飼情増導武余 衛慣経混資常像銅婦輸 営幹型告師状造堂布綿 永刊句講枝条総統貧迷 因額禁興志賞素適評夢 移確均構史象祖程備務 囲格境鉱支証絶提費脈 圧解許航士招設停非暴
第六学年 (191字)	簡権裁従聖退党奮預 看絹済衆盛尊討腹優 巻券座就寸存展俵郵 干穴砂宗推臓敵秘訳 株激困収垂蔵痛批模 割劇骨樹仁操賃否盟 閣警穀若針層潮晩密 革敬刻尺蒸装腸班幕 拡系鋼捨障創頂俳枚 灰筋降射傷窓庁肺棒論 我勤紅磁将奏著背忘朗 恩郷皇誌承善忠拝亡臨 沿胸孝詞除銭宙派訪律 延供后視諸染値脳宝裏 映吸誤姿署洗暖納暮覧 宇疑呼私処泉段認補卵 域貴己至純専誕乳片乱 遺揮厳蚕熟宣探難閉翌 異机源冊縮舌担届陛欲 胃危憲策縦誠宅糖並幼

学年別漢字配当表 (平成29年3月告示　文部科学省)

(1026字)

第一学年 (80字)	一右雨円王音下火花貝学気九休玉金空月犬見
	五口校左三山子四糸字耳七車手十出女小上森
	人水正生青夕石赤千川先早草足村大男竹中虫
	町天田土二日入年白八百文木本名目立力林六
第二学年 (160字)	引羽雲園遠何科夏家歌画回会海絵外角楽活間
	丸岩顔汽記帰弓牛魚京強教近兄形計元言原戸
	古午後語工公広交光考行高黄合谷国黒今才細
	作算止市矢姉思紙寺自時室社弱首秋週春書少
	場色食心新親図数西声星晴切雪船線前組走多
	太体台地池知茶昼長鳥朝直通弟店点電刀冬当
	東答頭同道読内南肉馬売買麦半番父風分聞米
	歩母方北毎妹万明鳴毛門夜野友用曜来里理話
第三学年 (200字)	悪安暗医委意育員院飲運泳駅央横屋温化荷界
	開階寒感漢館岸起期客究急級宮球去橋業曲局
	銀区苦具君係軽血決研県庫湖向幸港号根祭皿
	仕死使始指歯詩次事持式実写者主守取酒受州
	拾終習集住重宿所暑助昭消商章勝乗植申身神
	真深進世整昔全相送想息速族他打対待代第題
	炭短談着注柱丁帳調追定庭笛鉄転都度投豆島
	湯登等動童農波配倍箱畑発反坂板皮悲美鼻筆
	氷表秒病品負部服福物平返勉放味命面問役薬
	由油有遊予羊洋葉陽様落流旅両緑礼列練路和
	愛案以衣位茨印英栄媛塩岡億加果貨課芽賀改
	械害街各覚潟完官管関観願岐希季旗器機議求
	泣給挙漁共協鏡競極熊訓軍郡群径景芸欠結建

常用漢字表
（平成22年11月30日内閣告示）

◆この常用漢字表は、平成22年文化審議会「常用漢字表」を基にした内閣告示第二号である。「この表は、法令、公用文書、新聞、雑誌など、一般の社会生活において、現代の国語を書き表す場合の漢字使用の目安」として示されている。なお、字種は字音の順で並ぶため、例えば「井」はセイで「セ」の段、「穂」はスイで「ス」の段にある。
◆この表では、前頁の学年別漢字配当表の漢字に色を付けた。この他に人名用漢字がある。

ア 亜哀挨愛曖悪握圧扱宛嵐安案暗 **イ** 以衣位囲医依委威為畏胃尉異移萎偉椅彙意違維慰遺緯域育一壱逸茨芋引印因咽姻員
院淫陰飲隠韻 **ウ** 右宇羽雨唄鬱畝浦運雲 **エ** 永泳英映栄営詠影鋭衛易疫益液駅悦越謁閲円延沿炎怨宴媛援園煙猿遠鉛塩演縁
艶 **オ** 汚王凹央応往押旺欧殴桜翁奥横岡屋億憶臆虞乙俺卸音恩温穏 **カ** 下化火加可仮何花佳価果河苛科架夏家荷華菓貨渦過
嫁暇禍靴寡歌箇稼課蚊牙瓦我画芽賀雅餓介回灰会快戒改怪拐悔海界皆械絵開階塊楷解潰壊懐諧貝外劾害崖涯街慨蓋該概骸垣
柿各角拡革格核殻郭覚較隔閣確獲嚇穫学岳楽額顎掛潟括活喝渇割葛滑褐轄且株釜鎌刈干刊甘汗缶完肝官冠巻看陥乾勘患貫寒
喚堪換敢棺款間閑勧寛幹感漢慣管関歓監緩憾還館環簡観韓艦鑑丸含岸岩玩眼頑顔願 **キ** 企伎危机気岐希忌汽奇祈季紀軌既記
起飢鬼帰基寄規亀喜幾揮期棋貴棄毀旗器畿輝機騎技宜偽欺義疑儀戯擬犠議菊吉喫詰却客脚逆虐九久及弓丘旧休吸朽臼求究泣
急級糾宮救球給嗅窮牛去巨居拒拠挙虚許距魚御漁凶共叫狂京享供協況峡挟狭恐恭胸脅強教郷境橋矯鏡競響驚仰暁業凝曲局極
玉巾斤均近金菌勤琴筋僅禁緊錦謹襟吟銀 **ク** 区句苦駆具惧愚空偶遇隅串屈掘窟熊繰君訓勲薫軍郡群 **ケ** 兄刑形系径茎係型契
計恵啓掲渓経蛍敬景軽傾携継詣慶憬稽憩警鶏芸迎鯨隙劇撃激桁欠穴血決結傑潔月犬件見券肩建研県倹兼剣拳軒健険圏堅検嫌
献絹遣権憲賢謙鍵繭顕験懸元幻玄言弦限原現舷減源厳 **コ** 己戸古呼固股虎孤弧故枯個庫湖雇誇鼓錮顧五互午呉後娯悟碁語誤
護口工公勾孔功巧広甲交光向后好江考行坑孝抗攻更効幸拘肯侯厚恒洪皇紅荒郊香候校耕航貢降高康控梗黄喉慌港硬絞項溝鉱
構綱酵稿興衡鋼講購乞号合拷剛傲豪克告谷刻国黒穀酷獄骨駒込頃今困昆恨根婚混痕紺魂墾懇 **サ** 左佐沙査砂唆差詐鎖座挫才
再災妻采砕宰栽彩採済祭斎細菜最裁債催塞歳載際埼在材剤財罪崎作削昨柵索策酢搾錯咲冊札刷刹拶殺察撮擦雑皿三山参桟蚕
惨産傘散算酸賛残斬暫 **シ** 士子支止氏仕史司四市矢旨死糸至伺志私使刺始姉枝祉肢姿思指施師恣紙脂視紫詞歯嗣試詩資飼誌
雌摯賜諮示字寺次耳自似児事侍治持時滋慈辞磁餌璽鹿式識軸七叱失室疾執湿嫉漆質実芝写社車舎者射捨赦斜煮遮謝邪蛇尺借
酌釈爵若弱寂手主守朱取狩首殊珠酒腫種趣寿受呪授需儒樹収囚州舟秀周宗拾秋臭修袖終羞習週就衆集愁酬醜蹴襲十汁充住柔
重従渋銃獣縦叔祝宿淑粛縮塾熟出述術俊春瞬旬巡盾准殉純循順準潤遵処初所書庶暑署緒諸女如助序叙徐除小升少召匠床抄肖
尚招承昇松沼昭宵将消症祥称笑唱商渉章紹訟勝掌晶焼焦硝粧詔証象傷奨照詳彰障憧衝賞償礁鐘上丈冗条状乗城浄剰常情場畳

蒸縄壌嬢錠譲醸色拭食植殖飾触嘱織職辱尻心申伸臣芯身辛侵信津神唇娠振浸真針深紳進森診寝慎新審震薪親人刃仁尽迅甚陣
尋腎 **ス** 須図水吹垂炊帥粋衰推酔遂睡穂随髄枢崇数据杉裾寸 **セ** 瀬是井世正生成西声制姓征性青斉政星牲省凄逝清盛婿晴勢
聖誠精製誓静請整醒税夕斥石赤昔析席脊隻惜戚責跡積績籍切折拙窃接設雪摂節説舌絶千川仙占先宣専泉浅洗染扇栓旋船戦煎
羨腺詮践箋銭潜線遷選薦繊鮮全前善然禅漸膳繕 **ソ** 狙阻祖租素措粗組疎訴塑遡礎双壮早争走奏相荘草送倉捜挿桑巣掃曹曽爽
窓創喪痩葬装僧想層総遭槽踪操燥霜騒藻造像増憎蔵贈臓即束足促則息捉速側測俗族属賊続卒率存村孫尊損遜 **タ** 他多汰打妥
唾堕惰駄太対体耐待怠胎退帯泰堆袋逮替貸隊滞態戴大代台第題滝宅択沢卓拓託濯諾濁但達脱奪棚誰丹旦担単炭胆探淡短嘆端
綻誕鍛団男段断弾暖談壇 **チ** 地池知値恥致遅痴稚置緻竹畜逐蓄築秩窒茶着嫡中仲虫沖宙忠抽注昼柱衷酎鋳駐著貯丁弔庁兆町
長挑帳張彫眺釣頂鳥朝貼超腸跳徴嘲潮澄調聴懲直勅捗沈珍朕陳賃鎮 **ツ** 追椎墜通痛塚漬坪爪鶴 **テ** 低呈廷弟定底抵邸亭貞帝
訂庭逓停偵堤提程艇締諦泥的笛摘滴適敵溺迭哲鉄徹撤天典店点展添転塡田伝殿電 **ト** 斗吐妬徒途都渡塗賭土奴努度怒刀冬灯
当投豆東到逃倒凍唐島桃討透党悼盗陶塔搭棟湯痘登答等筒統稲踏糖頭謄藤闘騰同洞胴動堂童道働銅導瞳峠匿特得督徳篤毒独
読栃凸突届屯豚頓貪鈍曇丼 **ナ** 那奈内梨謎鍋南軟難 **ニ** 二尼弐匂肉虹日入乳尿任妊忍認 **ネ** 寧熱年念捻粘燃 **ノ** 悩納能脳農
濃 **ハ** 把波派破覇馬婆罵拝杯背肺俳配排敗廃輩売倍梅培陪媒買賠白伯拍泊迫剝舶博薄麦漠縛爆箱箸畑肌八鉢発髪伐抜罰閥反
半氾犯帆汎伴判坂阪板版班畔般販斑飯搬煩頒範繁藩晩番蛮盤 **ヒ** 比皮妃否批彼披肥非卑飛疲秘被悲扉費碑罷避尾眉美備微鼻
膝肘匹必泌筆姫百氷表俵票評漂標苗秒病描猫品浜貧賓頻敏瓶 **フ** 不夫父付布扶府怖阜附訃負赴浮婦符富普腐敷膚賦譜侮武部
舞封風伏服副幅復福腹複覆払沸仏物粉紛雰噴墳憤奮分文聞 **ヘ** 丙平兵併並柄陛閉塀幣弊蔽餅米壁璧癖別蔑片辺返変偏遍編弁
便勉 **ホ** 歩保哺捕補舗母募墓慕暮簿方包芳邦奉宝抱放法泡胞俸倣峰砲崩訪報蜂豊飽褒縫亡乏忙坊妨忘防房肪某冒剖紡望傍帽
棒貿貌暴膨謀頰北木朴牧睦僕墨撲没勃堀本奔翻凡盆 **マ** 麻摩磨魔毎妹枚昧埋幕膜枕又末抹万満慢漫 **ミ** 未味魅岬密蜜脈妙民
眠 **ム** 矛務無夢霧娘 **メ** 名命明迷冥盟銘鳴滅免面綿麺 **モ** 茂模毛妄盲耗猛網目黙門紋問 **ヤ** 冶夜野弥厄役約訳薬躍闇 **ユ** 由
油喩愉諭輸癒唯友有勇幽悠郵湧猶裕遊雄誘憂融優 **ヨ** 与予余誉預幼用羊妖洋要容庸揚揺葉陽溶腰様瘍踊窯養擁謡曜抑沃浴欲
翌翼 **ラ** 拉裸羅来雷頼絡落酪辣乱卵覧濫藍欄 **リ** 吏利里理痢裏履璃離陸立律慄略柳流留竜粒隆硫侶旅虜慮了両良料涼猟陵量
僚領寮療瞭糧力緑林厘倫輪隣臨 **ル** 瑠涙累塁類 **レ** 令礼冷励戻例鈴零霊隷齢麗暦歴列劣烈裂恋連廉練錬 **ロ** 呂炉賂路露老労
弄郎朗浪廊楼漏籠六録麓論 **ワ** 和話賄脇惑枠湾腕 （二一三六字）

平仮名の字源

字母	字形	字母	字形	字母	字形	字母	字形	字母	字形
安*(安)	あ	以	い	宇	う	衣	え	於	お
加	か	幾	き	久	く	計	け	己	こ
左	さ	之	し	寸	す	世	せ	曽	そ
太	た	知	ち	川	つ	天	て	止	と
奈	な	仁	に	奴	ぬ	祢	ね	乃	の
波	は	比	ひ	不	ふ	部	へ	保	ほ
末	ま	美*(美)	み	武	む	女	め	毛	も
也	や			由	ゆ			与*(与)	よ
良	ら	利	り	留	る	礼	れ	呂*(呂)	ろ
和	わ	為	ゐ			恵	ゑ	遠	を
无	ん								

◆字形は古筆から抽出した。三段のうち、上段は字母に近い草仮名、中段・下段はその変遷過程などを配した。
◆異体字から変遷した字母に＊を付し、( )の中にその字体を記した。

片仮名の字源

字母	字形	字母	字形	字母	字形	字母	字形	字母	字形
阿	阿 ア ア	伊	伊 イ イ	宇	宇 ウ ウ	江	エ エ	於	於 オ オ
加	か カ カ	幾	き キ キ	久	久 ク ク	介	介 ケ ケ	己	己 コ コ
散	サ サ	之	之 し し	須	須 ス ス	世	世 せ セ	曽	曽 ソ ソ
多	多 タ タ	千	千 チ チ	川	川 ツ ツ	天	天 テ テ	止	止 ト ト
奈	奈 ナ ナ	二	二 二	奴	奴 ヌ ヌ	祢	祢 ネ ネ	乃	乃 ノ ノ
八	ハ ハ	比	比 ヒ ヒ	不	不 フ フ	部	へ へ へ	保	保 ホ
万	万 丁 ニ	三	三 三	牟	牟 ム ム	女	女 メ メ	毛	毛 モ モ
也	也 ヤ ヤ			由	由 ユ ユ	江	江 エ エ	与	与 ヨ ヨ
良	良 ラ ラ	利	利 リ リ	流	流 ル ル	礼	礼 レ レ	呂	呂 ロ ロ
和	和 ロ ワ	井	井 井 ヰ			恵	恵 ヱ	乎	乎 ツ ヲ
ン	レ ン								

◆字形は平安時代の漢文文献から抽出した。三段のうち、上段・中段は平安時代初期の訓点から抽出し、上段は字母に近い字形、中段は片仮名に近い字形、下段は平安時代中期後期の訓点から抽出し、現代の字形に近いものを配列した。

◆平安時代中期まではア行とヤ行のエには区別があり、「衣」から出たものが大部分であったとされる説や、現行の「マ」の字形が一般化したのは明治時代以降であるというように、その発達と展開にはさまざまな説がある。

◆字母については、表で示した以外に、ケ＝个、ツ＝州、皿、マ＝末、ワ＝〇、ン＝撥音符号などの説がある。

（参考文献　築島裕『日本語の世界5　仮名（一九八一）』など）

楷書に調和する平仮名・片仮名（上は毛筆、下は硬筆）

ん	わ	ら	や	ま	は	な	た	さ	か	あ
	ゐ	り	(い)	み	ひ	に	ち	し	き	い
	(う)	る	ゆ	む	ふ	ぬ	つ	す	く	う
	ゑ	れ	(え)	め	へ	ね	て	せ	け	え
	を	ろ	よ	も	ほ	の	と	そ	こ	お

◆「なねほま」の結びについては、学習上の配慮から平結びと三角形に結ぶ書き方がある。毛筆は平結びの例、硬筆は三角形に結ぶ例。

わ	ら	や	ま	は
ゐ	り	い	み	ひ
う	る	ゆ	む	ふ
ゑ	れ	え	め	へ
を	ろ	よ	も	ほ
ん				

	ワ	ラ	ヤ	マ	ハ	ナ	タ	サ	カ	ア
	ヰ	リ	(イ)	ミ	ヒ	ニ	チ	シ	キ	イ
	(ウ)	ル	ユ	ム	フ	ヌ	ツ	ス	ク	ウ
	ヱ	レ	(エ)	メ	ヘ	ネ	テ	セ	ケ	エ
ン	ヲ	ロ	ヨ	モ	ホ	ノ	ト	ソ	コ	オ

行書に調和する平仮名・片仮名（上は毛筆、下は硬筆）

な	た	さ	か	あ
に	ち	し	き	い
ぬ	つ	す	く	う
ね	て	せ	け	え
の	と	そ	こ	お

ん	わ	ら	や	ま	は	な	た	さ	か	あ
	ゐ	り	(い)	み	ひ	に	ち	し	き	い
	(う)	る	ゆ	む	ふ	ぬ	つ	す	く	う
	ゑ	れ	(え)	め	へ	ね	て	せ	け	え
	を	ろ	よ	も	ほ	の	と	そ	こ	お

わ	ら	や	ま	は
ゐ	り	い	み	ひ
う	る	ゆ	む	ふ
ゑ	れ	え	め	へ
を	ろ	よ	も	ほ
ん				

	ワ	ラ	ヤ	マ	ハ	ナ	タ	サ	カ	ア
	ヰ	リ	(イ)	ミ	ヒ	ニ	チ	シ	キ	イ
	(ウ)	ル	ユ	ム	フ	ヌ	ツ	ス	ク	ウ
	ヱ	レ	(エ)	メ	ヘ	ネ	テ	セ	ケ	エ
ン	ヲ	ロ	ヨ	モ	ホ	ノ	ト	ソ	コ	オ

筆順の原則とその指導の考え方

―〈文部省編「筆順指導の手びき」昭和33年３月発行〉から―

１．本書のねらい

筆順とは文字の形を実際に紙の上に書き現わそうとするとき、一連の順序で点画が次第に現わされて一文字を形成していく順序であると言えよう。

筆順は、全体の字形が、じゅうぶんに整った形で実現でき、しかもそれぞれの文字の同一の構成部分は、一定の順序によって書かれるように整理されていることが、学習指導上効果的であり、能率的でもある。このことは、漢字ばかりでなく、かな、ローマ字等についても、同じことが言える。

漢字の筆順の現状についてみると、書家の間に行われているものについても、通俗的に一般社会に行われているものについても、同一文字に２種あるいは３種の筆順が行われている。特に楷書体の筆順について問題が多い。

このような現状から見て、学校教育における漢字指導の能率を高め、児童生徒が混乱なく漢字を習得するのに便ならしめるために、教育漢字についての筆順を、できるだけ統一する目的を以て本書を作成した。本書においてはとりあえず楷書体の筆順のみを掲げたが、楷書体の筆順がわかれば、行書体についても、おのずとそれが応用され得ると思われる。

もちろん、本書に示される筆順は、学習指導上に混乱を来たさないようにとの配慮から定められたものであって、そのことは、ここに取りあげなかった筆順についても、これを誤りとするものでもなく、また否定しようとするものでもない。

２．筆順指導の心がまえ

筆順指導は、本書において述べる筆順の原則の上に立って行われるようにしたい。そのことのためには、まず筆順の原則をじゅうぶんに理解させながら、書写指導を行うことが望ましい。

筆順指導に当っては、次に記す事項に留意して、その指導の徹底を期するようにしたい。

(1) 筆順は、一応社会的な習慣として成立している面もあるが、これに書写指導の教育的な観点も考え合わせて、一定の筆順によって指導することが望ましい。

(2) 筆順は、点画が順次重ねられて一文字を形成していく順序であると考えられる。したがってその指導に当っては、どのような点画が、どのように順次重ねられていくかの過程を、理解させることがたいせつである。

(3) 筆順指導の基本となるものや、筆順が複雑なものについては、特に正確さをねらって理解させることが、その後の指導にとっても効果的である。

(4) 低学年や遅進児の指導に当っては、特に筆順指導の基本的なものについて、その理解と習熟とをはかることが望ましい。

(5) 筆順指導のために、特に多くの時間をさくことは必要としないが、既習の文字との連関をじゅうぶんに考慮して、計画的・系統的に行うことが望ましい。

(6) 筆順指導を読解指導と同時に行うことは、読解指導にも、筆順指導にも、かえってその徹底を欠くきらいがあるから、このことは避けるべきである。

(7) 教師の板書は、つねに定められた筆順によって書くようにしたい。

筆順の原則

—〈文部省編「筆順指導の手びき」昭和33年3月発行〉から—

（1）

大原則　1 **上から下へ** 『上から下へ（上の部分から下の部分へ）書いていく。』	三（一 二 三）言 工（一 丅 工）
a．上の点画から書いていく。	喜（士 吉 壴 喜）
b．上の部分から書いていく。	客（宀 灾 客） 築（竹 筑 築）
大原則　2 **左から右へ** 『左から右へ（左の部分から右の部分へ）書いていく。』	川（丿 川 川）順 州 学（丶 丷 ⺍）挙 魚 1234 帯（十 卄 卌 卌）
a．左の点画から書いていく。	脈（⺁ 爪 永）
b．左の部分から書いていく。 へんがさきで，つくりがあと。（この部類の漢字が最も多い。）	竹（ケ 竹）羽 休（亻 休）林語
3つの部分の左から	例（亻 佊 例） 側 湖 術
原則　1 **横画がさき** 『横画と縦画とが交差する場合は，ほとんどの場合，横画をさきに書く。』 （横画があとになるのは原則2の場合）	十（一 十） 計 古 支 草 土（一 十 土） 圧 至 舎 周 士（一 十 士） 志 吉 喜
a．横・縦の順 縦が交差した後にまがっても	七（一 七）切 大（一 ナ 大）太
前後に他の点画が加わっても	告（丿 ⺧ 牛 生） 先 任 庭 木（一 十 木）述 寸（一 十 寸）寺

（2）

b．横・縦・縦の順 あとに書く縦画が2つになっただけ。	共（一 廾 艹）散 港 編（冂 冃 冊） 花（一 艹）荷 算（一 廾）形 鼻
縦画が3つ以上になっても	帯（一 十 卄 卌） 無（⺧ 無 無）
c．横・横・縦の順 さきに書く横画が2つになっただけ。	用（冂 月 用）通 末 未 妹
前後に他の点画が加わっても	耕（三 丰 耒）
横画が3つ以上になっても	夫（二 夫 夫）
縦画が交差した後まがっても	春 実
d．横・横・縦・縦の順 横・縦ともに2つになったもの	耕（二 井）囲
原則　2 **横画があと** 『横画と縦画とが交差したときは，次の場合に限って，横画をあとに書く。』	
a．田	田（冂 皿 田 田） 男 異 町 細
b．田の発展したもの	由（冂 巾 由 由） 油 黄 横 画 曲（冂 巾 冊 曲 曲） 豊 農 角（⺆ 冂 円 用）解 再（丙 丙 再 再）構
c．王	王（一 丅 干 王）玉 主 美 差 義
d．王の発展したもの (イ) 中の横画が2つになっても	王※（一 丅 干 王 王） 進（亻 什 隹 隹） 雑 集 確 観 馬（厂 ⺁ 軍 馬）駅

(4)

原則　5 **左払いがさき** 『左払いと右払いとが交差する場合は，左払いをさきに書く。』 左払いと右払いとが接した場合も同じ。	文（亠ナ文）父 故支収処 人入欠金
原則　6 **つらぬく縦画は最後** 『字の全体をつらぬく縦画は，最後に書く。』 下の方がとまっても 上の方がとまっても 上にも，下にも，つきぬけない縦画は，上部・縦画・下部の順で書く。 注．「菫」と「莫」との違い。	中（口中）申神 車半事建 書（⺺聿）妻 平（亚平）評 羊洋達拝 手（三手）　争 里（日甲里）野黒 重（甶重）動 謹（艹苎菫）勤 漢（艹苎莫）難
原則　7 **つらぬく横画は最後** 『字の全体をつらぬく横画は，最後に書く。』 注．世だけは違う。	女（㇛女）安努 子（了子）字存 母　毎海　慣 舟-舟船　与 世（一廾世）
原則　8 **横画と左払い** 『横画が長く，左払いが短かい字では，左払いをさきに書く。 横画が短かく，左払いが長い字では，横画をさきに書く。』	右（ノナ右） 有布希 左（一ナ左） 友在存抜

(3)

(ロ)　縦画が上につきぬけても (ハ)　縦画が2つになっても	主（一十キ主）生 麦表清星 共（一十廾艹共） 寒構
原則　3 **中がさき** 『中と左右があって，左右が1，2画である場合は，中をさきに書く。』 中が2本になっても 中が少し複雑になっても 〔例外〕 原則3には，2つの例外がある。	小（亅小小）少京 示宗 糸細 当（丨丬⺌）光常 水（亅才水）氷永 氺（亅丬氺）緑暴 ⺢（亻⺢）衆 業（丷丵） 赤（丿刂⺗）変 楽（白泊㳅）薬 承（手承）率 忄（丶丷忄）性 火（丷火）火 秋炭 焼
原則　4 **外側がさき** 『くにがまえのように囲む形をとるものは，さきに書く。』 「日」や「月」なども，これに含まれると考えてよい。 注．「区」は右のように書く。「医」も同じ。	国（冂国国）因 同（冂同）　円 内（冂内）肉納 司（㇆司）詞羽 日月目田 区（一ㄨ区）

(5)

特に注意すべき筆順	(A)
A．広く用いられる筆順が，2つ以上あるものについて 1．(A)の字は，もともと㋑の筆順だけである。 (B)の字は㋑も㋺も行われるるが，本書では(A)にあわせて，㋑をとる。 注．ただし，行書になると，㋺の方が多く用いられる。	(A) 止正足走武 (丨ト)……㋑ (B) 上点店 (丨ト)……㋑ (一ト)……㋺ 上点店
2．「耳」(a)は㋑の筆順が普通である。 みみへん(b)は㋑も㋺も行われるが，本書では(a)にあわせて，㋑をとる。	(a) 耳(ΓΕ耳)……㋑ (b) 取最職厳 ㋺ (ΓΕ耳)……㋑ (ΠΠ耳)……㋺
3．「必」の筆順は，いろいろあるが，㋩は熟しておらず，㋺よりも㋑が形をとりやすいので，本書では㋑をとる。	必 (丶ソ乂必必)……㋑ (ノ乂乂必必)……㋺ (心必)……㋩ その他
4．はつがしらの筆順は，いろいろあるが，本書では，左半と対称的で，かつ最も自然な㋑をとる。 注．「祭」のかしらは，原則5によって，右の筆順になる。	発登 (癶……)……㋑ (……)……㋺ (……)……㋩ 祭(タ癶)

(6)

5．「感」の筆順には，㋑と㋺とがあるが，本書では，字体表の字体と一致し，大原則1にそう㋑をとる。 注．当用漢字別表にはないが，「盛」も同じである。(△)	感 (后咸感)……㋑ (后㡯感)……㋺ 盛 厂成盛 厂㡯盛
6．「馬」の筆順には，㋑や㋺などがあるが，本書では，大原則1にそう㋑をとる。 注．このようにすれば「隹」とも共通する。	馬 (厂F馬馬)……㋑ (厂F馬馬)……㋺ 隹(亻什隹隹)
7．「無」の筆順には，㋑や㋺などがあるが，本書では大原則1にそう㋑をとる。	無 (乍無無)……㋑ (乍無無)……㋺
8．「興」の筆順としては，㋑と㋺が考えられるが，本書では大原則2にそう㋑をとる。	興 (……興)……㋑ (……興)……㋺
B．原則では説明できないもの 1．にょうには，さきに書くにょう(a)と，あとに書くにょう(b)とがある。 2．さきに書く左払い(a)と，あとに書く左払い(b)とがある。	(a) 久走免是 処起勉題 (b) 辶廴乚 近建直 (a) 九及 (b) 力刀万方別

参考　㋑の筆順を，現在，小・中学校で学習させている。
△印の「盛」は，平成元年度告示の「学年別漢字配当表」以後配当される。

あとがき

全国大学書写書道教育学会では、平成2年（一九九〇）より、教員養成を主たる目的としたテキストを編集し、上梓してきました。初版テキストは『書写指導　小学校編』『書写指導　中学校編』の二分冊でした。何度かの改訂を経て、平成15年（二〇〇三）には一冊にまとめた『新編　書写指導』として上梓しました。平成22年（二〇一〇）には、授業理論と指導内容および資料編の見直しをおこない、内容の精選をはかるとともに二色刷りとした『明解　書写教育』を上梓しました。

情報環境の急激な変化に伴って、文字を使用する場面や意識も変化しています。その中で、次代を担う子どもたちには、文字を手書きする力をより確かなものとし、生涯にわたって主体的に手書きする人であってもらうことが重要です。そのためには、わかりやすく的確な書写学習が求められるでしょう。今回、社会や教育の動向に応え、また新しい学習指導要領に対応するため、テキスト内容の全面改訂をおこない、本書の上梓に至りました。

本学会の研究成果を踏まえ、近年の教育動向に即すとともに、内容を精選しわかりやすさを重視しました。基本的に見開きで内容を理解しやすい構成とし、図版等を中心にビジュアル化を進めました。

本書は、大学での教員養成における書写に関する授業で使用することを目的としていますが、社会教育を含む、広く文字を手書きすることの指導に関わる多くの皆様の参考に供することも願っております。本書の発刊にあたり、執筆はもちろんのこと、基礎となる理論の構築から編集作業に至るまで、ご協力いただいた皆様に感謝いたします。

令和2年（二〇二〇）3月

全国大学書写書道教育学会
理事長　押木秀樹
編集代表　樋口咲子